Da Educação Infantil ao Ensino Fundamental

Dados Internacionais de Catalogação na Publicação (CIP)
(Câmara Brasileira do Livro, SP, Brasil)

Da educação infantil ao ensino fundamental : formação docente, inovação e aprendizagem significativa / Sonia Maria Vanzella Castellar, Idméa Semeghini-Siqueira. -- São Paulo : Cengage Learning, 2016.

1. reimpr. da 1. ed. de 2016
Vários autores.
ISBN 978-85-221-2542-5

1. Aprendizem 2. Educação Infantil 3. Ensino fundamental 4. Professores - Formação 5. Sala de aula I. Castellar, Sonia Maria Vanzella. II. Semeghini-Siqueira, Idméa.

15-10183   CDD-370.1

Índice para catálogo sistemático:

1. Educação infantil e ensino fundamental: Professores : Formação : Educação 370.1

Sonia Maria Vanzella Castellar ❖ Idméa Semeghini-Siqueira

(organizadoras)

Da **Educação Infantil** ao **Ensino Fundamental**

formação docente, inovação e aprendizagem significativa

Austrália • Brasil • Japão • Coreia • México • Cingapura • Espanha • Reino Unido • Estados Unidos

Da Educação Infantil ao Ensino Fundamental – formação docente, inovação e aprendizagem significativa

Sonia Maria Vanzella Castellar e Idméa Semeghini-Siqueira (organizadoras)

Gerente editorial: Noelma Brocanelli

Editora de desenvolvimento: Gisela Carnicelli

Supervisora de produção gráfica: Fabiana Alencar Albuquerque

Editora de aquisições: Guacira Simonelli

Especialista em direitos autorais: Jenis Oh

Assistente editorial: Joelma Andrade

Copidesque e revisão: Nelson Barbosa e Fábio Gonçalves

Projeto gráfico: Megaart Design

Diagramação: PC Editorial Ltda.

Pesquisa iconográfica: ABMM Iconografia

Capa: BuonoDisegno

Impresso no Brasil.
Printed in Brazil.
1 2 3 4 5 6 7   19 18 17 16

© 2016 Cengage Learning Edições Ltda.

Todos os direitos reservados. Nenhuma parte deste livro poderá ser reproduzida, sejam quais forem os meios empregados, sem a permissão, por escrito, da Editora. Aos infratores aplicam-se as sanções previstas nos artigos 102, 104, 106 e 107 da Lei nº 9.610, de 19 de fevereiro de 1998.

Esta editora empenhou-se em contatar os responsáveis pelos direitos autorais de todas as imagens e de outros materiais utilizados neste livro. Se porventura for constatada a omissão involuntária na identificação de algum deles, dispomo-nos a efetuar, futuramente, os possíveis acertos.

A Editora não se responsabiliza pelo funcionamento dos sites contidos neste livro que possam estar suspensos.

> Para informações sobre nossos produtos, entre em contato pelo telefone **0800 11 19 39**
>
> Para permissão de uso de material desta obra, envie seu pedido para
> **direitosautorais@cengage.com**

© 2016 Cengage Learning. Todos os direitos reservados.

Versão Cengage Learning:
ISBN-13: 978-85-221-2542-5
ISBN-10: 85-221-2542-2

Versão Fafe:
ISBN-13: 978-85-221-2508-1
ISBN-10: 85-221-2508-2

Cengage Learning
Condomínio E-Business Park
Rua Werner Siemens, 111 – Prédio 11 – Torre A – Conjunto 12
Lapa de Baixo – CEP 05069-900 – São Paulo – SP
Tel.: (11) 3665-9900 – Fax: (11) 3665-9901
SAC: 0800 11 19 39

Para suas soluções de curso e aprendizado, visite **www.cengage.com.br**

Apresentação

❖

Este livro reúne artigos de professores com vasta experiência em pesquisa educacional e formação docente, inicial e continuada. Inovações e contribuições concernentes ao ensino e aprendizagem de diferentes áreas do conhecimento são objeto de reflexão sistematizada, assim como experiências formativas de docentes atuantes na Educação Infantil e no ensino fundamental de redes públicas, produto de um diálogo frutífero entre teoria e prática, viabilizado pelo intercâmbio de saberes e experiências entre escola e academia.

Em **Os lugares da escola na sociedade e os processos de ensino e aprendizagem**, de Sonia Maria Vanzella Castellar, é discutido o papel da escola e do professor, entendendo, a partir de Dubet, os princípios da justiça e como eles estão ou não presentes na escola. Discute, ainda, o processo de ensino e aprendizagem, com o intuito de promover, na teoria e na prática, uma concepção que instigue a promoção de uma maior autonomia por parte de quem atua no espaço escolar, analisando o papel da escola e das práticas docentes na perspectiva da justiça social, da inclusão da cultura e da aprendizagem na escola. A autora defende que há a necessidade de trabalhar conteúdos de Geografia de modo que o aluno perceba a relação desses conhecimentos com seu cotidiano e se perceba no processo de aprendizagem. Para isso, o professor precisa desempenhar o papel de mediador, criando e propiciando situações de aprendizagem nas quais o aluno constr256 o seu conhecimento e seja capaz de articulá-lo de maneira cada vez mais complexa, contribuindo para a formação cidadã. O foco da autora, neste artigo, é tentar compreender aquilo que está ao alcance imediato do professor e que acredita ser essencial para que mudanças estruturais também aconteçam: a reflexão acerca do papel da didática e metodologia de ensino, no caso, da Geografia.

Sílvia Luzia Frateschi Trivelato, em **Formação de professores e exercício profissional**, procura analisar algumas das características da formação inicial de professores, dimensionando suas possibilidades e limitações para o enfrentamento dos desafios do exercício profissional. Paralelamente, discute o impacto das primeiras experiências docentes e o risco do ceticismo e da negação dos conhecimentos constituídos durante a formação acadêmica. O desafio é transformar a prática profissional em mais uma etapa de formação. Nesse sentido, defende a valorização das ações de formação continuada, apontando para a necessidade de que o conhecimento profissional se construa com coerência, como resultado da articulação entre referenciais teóricos construídos e situações complexas da realidade.

Paula Perin Vicentini e Denice Barbara Catani, em **Alunos, professores e alunos novamente: formação continuada e relações pedagógicas**, propõem uma reflexão sobre como a possibilidade de professores vivenciarem uma alternância de papéis – alunos e docentes – constitui um aspecto nuclear no seu processo de formação continuada, permitindo que eles alterem a maneira pela qual veem as práticas desenvolvidas em sala de aula, as interações que se dão nesse espaço com os alunos e com os colegas de trabalho. Além dessa alternância de papéis, importante função é desempenhada pelos conhecimentos e atividades trabalhados, uma vez que contribuem para desencadear uma reflexão acerca da sua trajetória de formação e do seu percurso profissional no exercício do magistério. A partir de uma análise sócio-histórica da profissão, realizada a partir da elaboração de relatos autobiográficos pelos professores em formação, as autoras procuram mostrar como as diversas dimensões que envolvem o exercício da docência devem ser consideradas de modo articulado para se entender como os professores realizam o seu trabalho diariamente e as representações que produzem a respeito de si.

Mônica Appezzato Pinazza trata de um processo de formação continuada em serviço de profissionais da Educação Infantil, na modalidade de um curso de especialização desenvolvido no âmbito de um convênio estabelecido entre a universidade e a municipalidade, no quarto artigo desta coletânea: **Formação continuada de educadoras da infância de 0 a 5 anos: uma experiência de parceria entre a universidade e a municipalidade**. Com o propósito de documentar essa experiência formadora, são apresentados os objetivos traçados para o curso, a estruturação curricular proposta, os princípios educacionais subjacentes e as circunstâncias em que se deu todo o processo formativo. Para conseguir indicações relativas à aproximação entre as pretensões originais do programa de formação e as percepções dos participantes sobre o curso, a autora realizou um estudo pautado na análise de depoimentos escritos dos participantes, colhidos em dois momentos: ao final do 1º semestre do curso e passados os 18 meses de formação. Os relatos dos educadores constituíram-se uma potente fonte informativa e trouxeram indícios sobre as expectativas que tinham ao iniciarem o curso, as experiências de formação e profissão que traziam e as conexões que estabeleceram entre as vivências na formação e as realizações profissionais em seus contextos de trabalho.

Em **O currículo cultural da Educação Física na Educação Infantil, uma proposta para o reconhecimento da cultura lúdica**, Marcos Garcia Neira discute como a escola que conhecemos, classificatória, antidemocrática e propedêutica, dá sinais de esgotamento na contemporaneidade. O discurso recorrente no meio acadêmico e nos setores governamentais proclama o reconhecimento da diversidade cultural, a modificação dos currículos e a aproximação da realidade social como alternativas para superação dos entraves e construção de uma escola sintonizada com os tempos atuais. Como forma de responder a essa demanda, o tempo de escolarização obrigatória foi ampliado e implementaram-se reformas curriculares. Procurando contribuir no campo da Educação Física, o autor analisa criticamente duas publicações oficiais que subsidiam as escolas para o enfrentamento dessas questões. A reflexão desencadeada vislumbra alternativas que dão sustentação a uma pedagogia do componente comprometida com a formação de sujeitos conscientes da importância do estabelecimento de uma relação dialógica com os vários grupos que coabitam a sociedade.

O trinômio Competências – Escrita – Conteúdos Disciplinares em Química e Ciências, é tratado por Dirceu Donizetti Dias de Souza e Agnaldo Arroio, em **Gêneros do discurso escolar-científico em salas de aula de Ciências**. Segundo os autores, tal trinômio desafia os professores na busca por metodologias que superem a cultura cristalizada das soluções acordadas, nas quais as definições são apresentadas ao estudante e, logo em seguida, é aplicado um conjunto de exercícios de solução algébrica, resolvíveis pelas definições pré-estabelecidas. Souza e Arroio sugerem a prática de atividades de produção escrita, associada às operações epistêmicas que, em sua instância máxima, foca a construção do argumento como uma das possibilidades para o alargamento dessa visão. Os autores também propõem a inserção, nas salas de aula de Química e Ciências, de um material instrucional mediador, que oriente a escrita das operações epistêmicas na construção de gêneros de discurso escolar-científico. Funcionalmente, esse material instrucional faz a mediação na elaboração escrita de gêneros de discurso escolar-científico, nos quais intencionalmente são embutidos componentes do argumento, articulando práticas experimentais, leitura, interpretação e reescrita dos conteúdos temáticos.

Ivã Gurgel e Maurício Pietrocola afirmam, em **O papel do pensamento narrativo na elaboração da ciência: uma proposta a partir da obra de Galileu Galilei**, que um dos principais objetivos da Educação deve ser o de alfabetizar cientificamente os estudantes. Dentre as diferentes dimensões deste processo, a aquisição da própria linguagem da ciência é considerada uma etapa fundamental para que o sujeito se torne letrado. Embora este seja um debate educacional, centrado nos processos e objetivos do ensino de Ciências, pode-se levantar uma questão de caráter epistemológico ao se perguntar quais linguagens fazem parte do desenvolvimento do conhecimento científico. Com o objetivo de tratar essa questão, os autores fazem uma breve revisão dos estudos sobre Alfabetização

Científica para indicar que, muitas vezes, somente são valorizadas as manifestações formais no pensamento científico. Em seguida, por uma pesquisa histórica que utilizou como suporte teórico estudos sobre a linguagem, os autores analisam a obra de Galileu Galilei, buscando mostrar a composição de seu trabalho como uma narrativa, em que diferentes figuras de linguagem têm forte presença. Por fim, Gurgel e Pietrocola fazem alguns apontamentos sobre como este debate pode influir em novas propostas educacionais nas quais narrativas científicas sejam elaboradas pelos estudantes.

Em **Formação preliminar, inicial e contínua de professores de linguagem da Educação Infantil ao Ensino Fundamental: o contexto de inserção das atividades linguísticas e epilinguísticas**, Idméa Semeghini-Siqueira e Gema Galgani R. Bezerra partem da consideração de que um número expressivo de alunos que conclui o Ensino Fundamental no Brasil evidencia um desempenho linguístico insatisfatório, configurando um notório problema no que concerne ao desenvolvimento de habilidades mínimas que deveriam constituir sua competência na leitura e produção de textos, para uma inserção plena em uma sociedade grafocêntrica interconectada com o ciberespaço. Neste artigo, as autoras explicitam o contexto em que Antoine Culioli inseriu o conceito de atividades epilinguísticas e retomam o legado de Carlos Franchi, destacando a importância atribuída por este linguista à prática de "brincar com a linguagem", formalizada no conceito em questão. Semeghini-Siqueira e Bezerra ressaltam que atividades linguísticas e epilinguísticas constituem um importante meio de instrumentação para as práticas que envolvem as habilidades linguísticas dos alunos – ouvir (compreender), falar, ler, escrever –, favorecendo, por um lado, a aprendizagem de novas formas de construção e transformação das expressões e, por outro, a ativação e operacionalização de um sistema a que os alunos já tiveram acesso por meio de sua prática linguística cotidiana. Tecem, ainda, considerações acerca do contexto de inserção dessas atividades, desde a Educação Infantil até o Ensino Fundamental, contribuindo para a reflexão sobre tópicos importantes implicados na formação inicial e contínua de professores de língua materna.

Esperamos que a leitura dessa coletânea, ou de parte dela, inspire a realização de outras pesquisas e parcerias entre escola e universidade, com o intuito de ratificar a importância de experiências formativas sérias que permitam repensar as práticas de ensino e aprendizagem das diferentes áreas de conhecimento na escola pública.

As organizadoras.

Sumário

❖

1. *Os lugares da escola na sociedade e os processos de ensino e aprendizagem*   1
   SONIA MARIA VANZELLA CASTELLAR

2. *Formação de professores e exercício profissional*   31
   SÍLVIA LUZIA FRATESCHI TRIVELATO

3. *Alunos, professores e alunos novamente: formação continuada e relações pedagógicas*   45
   PAULA PERIN VICENTINI E DENICE BARBARA CATANI

4. *Formação continuada de educadoras da infância de 0 a 5 anos: uma experiência de parceria entre a universidade e a municipalidade*   61
   MÔNICA APPEZZATO PINAZZA

5. *O currículo cultural da Educação Física na Educação Infantil: uma proposta para o reconhecimento da cultura lúdica*   93
   MARCOS GARCIA NEIRA

6. *Gêneros do discurso escolar-científico em salas de aula de Ciências*   117
   Dirceu Donizetti Dias de Souza e Agnaldo Arroio

7. *O papel do pensamento narrativo na elaboração da ciência:
   uma proposta a partir da obra de Galileu Galilei*   149
   Ivã Gurgel e Maurício Pietrocola

8. *Formação preliminar, inicial e contínua de professores de linguagem da
   Educação Infantil ao Ensino Fundamental: o contexto de inserção das
   atividades linguísticas e epilinguísticas*   173
   Idméa Semeghini-Siqueira e Gema Galgani R. Bezerra

capítulo 1

❖

Os lugares da escola na sociedade e os processos de ensino e aprendizagem[1]

SONIA MARIA VANZELLA CASTELLAR[2]

> Redigindo este ensaio, eu me coloquei decididamente do ponto de vista dos vencidos do sistema, dos que não são ouvidos muito porque o fracasso escolar é tão pesado para ser assumido, que eles são levados a uma culpabilidade silenciosa ou à violência. Aqui, a coragem consiste em compreender como os princípios de justiça se misturam com interesses culturais e sociais extremamente densos. Porque a injustiça apresenta sempre uma dupla face. Para uns, ela é uma forma de desprezo e um handicap. Para outros, ela é uma dignidade e uma vantagem relativa fácil de dissimular sob a defesa do mérito puro, da grande cultura e da utilidade coletiva da seleção. É então tentador deixar de agir, seja sob o pretexto de complexidade e de riscos políticos, seja, com mais frequência ainda, sob o pretexto de que seria preciso primeiramente mudar tudo, a sociedade, os alunos, os professores, os pais... antes mesmo de imaginar agir deliberadamente no mundo escolar.
>
> François Dubet (2008, p. 16).

---

1 Este artigo corresponde a uma parte da tese defendida na Livre-Docência, em 2010.
2 Professora Livre-Docente em Metodologia do Ensino de Geografia da Faculdade de Educação da USP. Líder do Grupo de Estudo e Pesquisa em Didática da Geografia e Práticas Interdisciplinares (Geped). Integrante do Grupo de Pesquisa de Investigadores Latino-Americanos em Didática da Geografia (REDLADGEO): Autora de artigos sobre formação de professores, metodologia do ensino e livros didáticos para o Ensino Fundamental II.

1. Introdução[3]

A ideia presente neste excerto coloca-nos a responsabilidade pelo papel que temos quando estamos envolvidos com a escola e o processo de ensino e de aprendizagem. Como professores, não nos cabe esperar mudar tudo para depois agir.

Não ignoramos o peso de decisões governamentais sobre os limites estabelecidos nas políticas públicas educacionais, muito menos o peso que outras instâncias acabam por exercer na escola, como a mídia, a família e a economia. No entanto, nosso intuito está em promover (na teoria e na prática) uma concepção que qualificamos como menos fatalista e que, de certa forma, instiga a promoção de uma maior autonomia de quem atua no espaço escolar. Cabe, portanto, compreender o papel da escola e do professor, entendendo, a partir de Dubet (2008), os princípios da justiça e como eles estão ou não presentes na escola. Neste artigo, as discussões terão como base o processo de ensino e aprendizagem a partir da concepção anteriormente apresentada, com o intuito de analisar o papel da escola e das práticas docentes na perspectiva da justiça social, da inclusão da cultura e da aprendizagem na escola.

Ao se pensar sobre os problemas que estão presentes no contexto escolar, há vários aspectos que precisam ser constantemente estudados para que haja mudanças, as quais vão desde o que e como se ensina, até aquelas de ordem mais político-administrativa, que dizem respeito à gestão escolar. Neste artigo, a análise que traremos se relaciona a uma dimensão sociocultural e a uma dimensão metodológica ou da didática específica, com o objetivo de analisar como se ensinam os conteúdos de Geografia na educação básica e como se pode contribuir para melhorar a inclusão dos alunos na perspectiva da justiça social.

Assim, o nosso entendimento é que há necessidade de trabalhar os conteúdos de Geografia de modo que o aluno perceba a relação desses conhecimentos com seu cotidiano e se perceba no processo de aprendizagem. Para tornar isso possível,

---

[3] Esse artigo foi discutido com a Profa. Dra. Jerusa Vilhena de Moraes (Unifesp) e com a Profa. Ms. Ana Paula Gomes Seferian, formadoras, neste curso de formação, às quais agradeço pelas contribuições.

como afirma Dubet, é preciso coragem. Coragem para que o professor desempenhe o papel de mediador entre o aluno e os saberes, criando e propiciando situações de aprendizagem nas quais o aluno construa o seu conhecimento e seja capaz de articulá-lo de maneira cada vez mais complexa, contribuindo para a formação cidadã. Coragem para investir em uma formação que permita, por um lado, identificar situações que muitas vezes estão aquém de suas possibilidades de solução diante de conflitos que acontecem no espaço escolar e, por outro, articular possíveis soluções – com os demais integrantes da escola, como professores, coordenador e diretor –, que vão além de "encaminhar" problemas. Reforçamos que nosso foco, neste artigo, é tentar compreender aquilo que está ao alcance imediato do professor e que acreditamos ser essencial para que mudanças estruturais também aconteçam: a reflexão acerca do papel da didática e metodologia de ensino, no caso, da Geografia.

2. O Contexto da Escola: Contribuição para o Sentido da Formação Continuada

As ideias existentes na cultura escolar, às vezes presentes nas entrelinhas dos vários discursos dos atores sociais que atuam na escola, caracterizam-se na perspectiva de quem está falando. É possível perceber que alguns dos discursos reforçam uma concepção de fracasso escolar, em um contexto no qual geralmente não se tem clareza quanto ao significado do sentido de ser vencido, mas com o olhar de quem pensa que vence: um olhar é o dos professores – os alunos são impossíveis, não se interessam e são preguiçosos –; outro o da direção – os professores não respeitam os alunos, faltam, não preparam aula, são preguiçosos; e o dos alunos – os professores não vêm à aula nem ensinam. Esse cenário é recorrente e quando pensamos o contexto da escola entendemos que as frustrações são grandes e que essa compreensão da realidade é relativa, muitas vezes senso comum de um discurso incorporado na sociedade, sem respeito à dignidade da profissão de educador e do papel de aluno. Diante desse quadro, todos são vencidos e com o sentimento de que não há nada que se possa fazer para mudar. Entretanto, consideramos que são muitos os desafios para que haja as mudanças significativas no processo de ensino e de aprendizagem.

Ouvimos ainda um discurso – às vezes implícito –, de que a escola não é mais a mesma desde a universalização e democratização do Ensino Fundamental; ela teria piorado, pois os alunos chegam sem base e não têm educação. Esse é o retrato que pode ser encontrado na escola, segundo os professores; tal discurso exclui todos os atores escolares, inclusive os próprios professores. Talvez, a falta de consciência do papel do professor e da escola ajude a propagar essa cultura tão presente nos discursos sobre a escola.

Na dimensão da justiça social na escola, podemos questionar se essa não seria uma visão elitista, na medida em que a afirmação reforça a ideia de que uma escola para os mais desfavorecidos é um problema. Normalmente, a resposta dos que atuam na escola é que não se trata de ser elitista, mas do modo como a instituição escolar está configurada, colocando-nos diante de problemas com os quais muitas vezes não sabemos lidar e, ao mesmo tempo, os alunos não querem aprender e boa parte deles chega sem saber ler e escrever. Diante disso, como atuar na sala de aula com a intenção de ensinar para que os alunos se apropriem de conhecimentos que contribuirão para o que entendemos ser uma formação cidadã, ou seja, na dimensão da inclusão do conhecimento?

Para Chamlian (2004), esse processo pelo qual passou a educação básica revelou um desconhecimento, por parte da escola e de seus profissionais, quanto ao modo como as desigualdades sociais e outras manifestações da diversidade (como a de gênero e raça), interferem nas relações que se dão no espaço pedagógico da escola.

Alguns educadores mantêm uma representação conservadora da sociedade, não reconhecendo mudanças pelas quais ela passou. É um conservadorismo revelado na afirmação de que a escola ficou pior do que era nos anos 1970 (que eles não vivenciaram como professores, embora alguns os tenham vivenciado como alunos), reforçando a ideia de que uma escola elitista e pouco democrática é melhor, pois, embora pública, aquela escola atendia aos filhos da classe média e da elite.

Trata-se de uma visão elitista, a qual supõe que a escola não tem qualidade devido à origem dos alunos das camadas populares, que chegam com uma menor bagagem cultural. Para Azanha (2004, p. 344), esse é um debate equivocado, pois:

> Consiste em supor que o ajuizamento acerca da qualidade do ensino seja feito a partir de considerações exclusivamente pedagógicas, como se o legado rebaixamento pudesse ser aferido numa perspectiva meramente técnica. Contudo, essa suposição é ilusória e apenas disfarça interesses de uma classe sob uma perspectiva técnico-pedagógica. É óbvio, pois, que o rebaixamento da qualidade do ensino, decorrente da sua ampliação, somente ocorre por referência a uma classe social privilegiada (...)

Compreender a dimensão do processo de democratização do ensino significa aceitar a política de expansão do ensino público e o impacto que ela teve na sociedade brasileira do ponto de vista econômico e social. Assim, a perspectiva não é apenas técnica, mas tem uma dimensão política de democratização da sociedade.

Promover uma mudança nessa visão elitista da escola e estimular outros olhares e pensamentos sobre esse espaço é tornar todos os gestores, professores e coordenadores uma equipe que trabalha em conjunto, buscando alternativas e soluções concretas para uma proposta voltada à construção do conhecimento e à formação de sujeitos que compreendam criticamente a realidade social. Para que de fato isso aconteça, é necessário alterar as propostas de trabalho pedagógico, evitando aquelas que marginalizam alguns estudantes, focando apenas nos melhores alunos; também é preciso assumir a existência das desigualdades sociais e culturais e lidar com elas, na medida em que fazem parte da realidade escolar. Essa ideia está presente, ainda, na fala de alguns educadores e gestores, com a seguinte ressalva: os professores estão tão precarizados que não percebem ou não sabem qual é o papel da escola e o que fazer em sala de aula. Podemos afirmar que há dificuldade por parte de alguns docentes em tomar consciência do seu papel social. Essa tomada de consciência é política e, por isso, difícil de ser assumida.

Entendemos a escola como um espaço vital para o aprendizado de ser cidadão. Nesse sentido, como afirma Chamlian (2004), ela está comprometida com a formação da pessoa, do ser individual, indicando que há uma singularidade dos sujeitos, cada um com sua cultura e seus valores. Ao abafar-se essa singularidade, pode-se desencadear a violência na sala de aula e na escola – violência que nem sempre é física, mas pode estar implícita em ações e falas. Ela também se manifesta na falta de motivação do professor e dos alunos. Uma escola que não reconhece o aluno como sujeito em processo de formação e não valoriza seus conhecimentos está destinada a ser irrelevante para ele.

Geralmente, o que ocorre no cotidiano escolar é a manutenção da desigualdade no trato com os alunos, inclusive na dinâmica das aulas, por exemplo, quando os alunos que sabem são tratados de forma diferente daqueles que não sabem. Outro problema, no campo da gestão escolar, é não permitir a convivência do aluno no ambiente escolar – interditando-o do direito de usufruir de seus espaços, como a biblioteca, o teatro e a sala de informática, restringindo o uso ao horário de aula. Democratizando-se o espaço da escola, os alunos sentem-se acolhidos por ela e a convivência melhora. Essa falta de tratamento democrático, em sentido amplo, manifesta-se também, na escola, em atividades de sala de aula que não têm significado para o aluno ou em reuniões de pais nas quais muitas vezes se afirma que os filhos não são capazes de aprender, ampliando as frustrações dos filhos e pais em relação à escola.

Repensar o papel da escola e a prática docente à luz da didática pode contribuir para mudanças que visam ao sucesso do aluno, diminuindo a violência e a exclusão provocadas pela dinâmica do cotidiano escolar. Nessa perspectiva, Martínez (2001, p. 14) afirma que:

> A escola é um lugar onde será possível que as pessoas que aprendem, se expressem de formas diferentes, se sintam aceitas como são, aprendam a autorregular seus comportamentos e, de forma autônoma, construir seus sistemas de valores para guiar suas vidas sendo capazes de conviver felizes em uma sociedade

> multicultural e complexa como a nossa. A escola, também, é um lugar onde se prepara para vida e para a atividade laboral. (...) mas não se deve entender especializada e orientada a um posto de trabalho. (...)[4]

No momento em que se compreende a dimensão do papel da escola e o lugar que ela ocupa na sociedade, a equidade e a qualidade passam a fazer parte das intenções de seus gestores. Porém, para que isso se torne realidade, é imprescindível que os gestores e professores construam suas representações e concepções sobre a escola, percebendo de fato qual é o seu lugar em uma sociedade na qual se tem acesso a muitas informações. Há que se considerar que, na sociedade atual, a escola é o lugar onde os estudantes devem ser preparados para a vida e para o trabalho, além de desenvolver as capacidades de apropriação dos conhecimentos científicos e oferecer uma formação humana integral.

Esses objetivos só poderão ser alcançados se o professor reelaborar seu discurso, despindo-o de uma visão conservadora em relação às práticas docentes e aos conteúdos ensinados – visão que percebemos na fala dos professores do grupo com o qual desenvolvemos um projeto no início de nossa pesquisa.

A partir da discussão sobre o papel da escola e dos professores podemos incorporar uma prática mais significativa em sala de aula, iniciando, por exemplo, com perguntas aos alunos sobre o que pensam ou sabem a respeito do assunto a ser estudado. Dessa forma, seriam introduzidos momentos de diálogos nas aulas, visto que a gestão da diversidade na escola baseia-se no pressuposto de que os espaços de criação são espaços para o encontro entre o professor, o aluno e o objeto de saber (Biarnés, 1999).

A escola é um lugar privilegiado onde os alunos aprendem a viver e fixam experiências que podem ajudá-los a elevar sua autoestima. Ter clareza desse princípio

---

[4] La escuela es un lugar en el que ha de ser posible que los que aprenden se expresen en sus diferentes formas y fondos, que se sientan aceptados como son y en el que sea posible que aprendan a autorregular sus comportamientos y de forma autónoma a construir sistemas de valores con los que guiar sus vidas y ser capaces de convivir felizmente en una sociedad multicultural y compleja como la nuestra. La escuela, además de un lugar donde preparar para la vida, también es un lugar donde preparar para la actividad laboral. (…) mas no debe entenderse especializada y orientada a un puesto de trabajo. (…)

pode ser importante para todos aqueles que atuam na educação, já que a escola é o lugar onde se aprende a conviver, respeitar, querer e construir a identidade individual e coletiva, além, é claro, de ser o lugar onde os alunos podem se apropriar do conhecimento escolar.

No contexto da justiça social é preciso entender que a eliminação contínua dos alunos desfavorecidos pode ser determinada pela maneira como eles são inseridos nas aulas: as respostas dadas a suas perguntas, a falta de desafios ou a apresentação de desafios sem orientação adequada para que o aluno possa enfrentá-los. Normalmente, os professores esperam uma sala de aula em silêncio, com alunos copiando alguma coisa e com pouca troca de opiniões. O resultado dessa postura é um aluno com dificuldade de pensar, raciocinar, mas com habilidade em copiar.

Quando a escola não cumpre seu papel, ela não contribui para a formação de seus alunos, ou seja, exclui os jovens do acesso ao conhecimento e, consequentemente, reforça-se como fator eficaz de conservação e manutenção da desigualdade social. Para compreender o papel da escola na sociedade, é necessário reconhecer a realidade e o contexto em que ela está inserida. A escola deve, portanto, reconhecer que em seu interior há diferentes maneiras de entender o mundo, seja por alunos, professores ou funcionários.

Martínez (2001, p. 59) contribui para entendermos o papel da escola na sociedade:

> A pobreza e a exclusão na nossa sociedade não são geradas só por dificuldades econômicas ou limitações no desfrute dos direitos humanos mais básicos; também são geradas por carecer de condições e habilidades para um adequado acesso a informação e aos conhecimentos, carência esta que gera falta de confiança e desespero.[5]

---

5 La pobreza y la exclusión en nuestra sociedad no son generadas sólo por dificultades económicas o limitaciones en el disfrute de los derechos humanos más básicos; también son generadas por carecer de condiciones y habilidades para un adecuado acceso a la información y a los conocimientos, carencia que genera falta de confianza y desesperación.

Para que os professores entendam como podemos educar os jovens em uma sociedade da informação, é necessário conhecer a realidade da comunidade escolar e seus referenciais culturais, por exemplo: como percebem e concebem os lugares de vivências; que músicas ouvem; o que gostam de ler; o que fazem em seus momentos de lazer. O desconhecimento da realidade cultural da comunidade escolar fragiliza a escola e reforça as marcas autoritárias provocadas por ele. Tudo isso implica condutas que não estão voltadas para o êxito escolar, mas reforçam o fracasso social do aluno.

Ao adotar uma estratégia exclusivamente de transmissão verbal dos conteúdos disciplinares, sem considerar o que o aluno sabe, suas crenças e visão de mundo – prática bastante recorrente na escola –, o professor assume e/ou acredita que está ocorrendo aprendizagem e que, se o aluno não aprende, é por falta de estudo ou inteligência.

A compreensão desse contexto escolar se faz relevante na medida em que tomamos como referência um cenário real para atuar na formação continuada e na perspectiva de uma aprendizagem significativa que inclua os alunos. Neste sentido, concordamos com Pierre Merle (2002, apud Dubet, 2008, p. 27-28) quando analisa o contexto escolar dos estudantes de baixa renda e considera que há uma "democratização segregativa", pois esse grupo tem acesso aos bens escolares menos rentáveis e habilitações mais curtas. Isso reforça, segundo o autor, um sistema escolar que funciona como um processo de destilação fracionado durante o qual os alunos mais fracos, que são também os menos favorecidos socialmente, são levados para as habilitações relegadas, de baixo prestígio e de pouca rentabilidade (Dubet, 2008, p. 27-28). Entendemos que, dessa maneira, não há acesso por parte dos alunos ao conhecimento escolar, os quais são mantidos na condição de fracassados, sem inclusão social.

Na escola, em um cenário plural de valores e cultura, identifica-se uma rede de relações que precisam ser compreendidas para se poder traçar a estratégia correta do trabalho escolar. Além disso, atualmente a escola ainda tem o papel de suprir a educação familiar, pois temos observado que certas famílias não têm subsídios para abordar adequadamente determinadas temáticas, como saúde e cultura, ou resolver conflitos e estabelecer regras de convivência. Assim, a escola passa a ter uma dimensão mais complexa: a de atuar também nessas temáticas, inclusive com a família.

Estamos diante de uma complexidade que passa não somente pelo entendimento que o professor tem de sua função, mas pela compreensão de quais são as representações sociais que o aluno tem da escola, que conceito ele construiu sobre liberdade e cidadania; enfim, uma cultura política que está presente na escola e sobre a qual pouco sabemos. Nessa perspectiva, entende-se que para o aluno sentir-se cidadão é importante que ele se sinta pertencente ao lugar onde vive – e a escola é um desses lugares, sendo o território onde ele pode criar vínculos e aprender as regras de convivência.

3. A Dimensão da Formação Continuada

O cenário do contexto escolar e do processo de ensino e de aprendizagem apresentado faz-nos pensar em uma ação nos cursos de formação continuada que valorize o conhecimento escolar e, ao mesmo tempo, a dimensão sociocultural dos alunos.

Essa visão procura superar a ideia equivocada de que o conhecimento escolar é apenas uma simplificação do conhecimento disciplinar e científico e de que os conteúdos são absolutos e verdadeiros. Ela também ajuda a reconfigurar a cultura do pensamento espontâneo do professor, de acordo com a qual, para desempenhar adequadamente sua função, basta tempo de escola e vivência de professor, mesmo que lhe faltem fundamentos teóricos. Isso reforça a separação que os professores fazem entre as práticas e as bases teóricas: segundo eles, as concepções desenvolvidas por estudos sobre ensino e aprendizagem não servem, são um modismo estimulado pela universidade. Ainda segundo essa visão, na realidade, os alunos não aprendem porque não querem estudar e porque sua família é ausente.

O pensamento espontâneo é um obstáculo, na medida em que não movimenta o aluno para aprender. Nas palavras de Bachelard (1996), para se aprender ciências há que se colocar o espírito em estado de mobilização permanente, o que significa não aceitar nada dado por certo ou como verdade absoluta. Essa é uma concepção que nos auxilia a pensar em percursos mais desafiadores para os alunos, que considerem:

* o conhecimento prévio do aluno, além das revelações imediatas do real. No sentido dado por Bachelard (1996), o real nunca é o que se poderia achar, mas é sempre o que se deveria ter pensado, e o saber não é fechado e estático, mas aberto e dinâmico, passível de mudança;
* a necessidade de introduzir problematizações, de o conhecimento ser construído a partir de situações mais simples em direção a outras mais complexas, fortalecendo a capacidade de o aluno saber fazer e não só de saber. Em relação à problematização, Bachelard (1996) afirma que não há experiência nem aprendizagem se não houver formulação prévia de um problema. Um ensino desprovido de problema desconhece o sentido real do espírito científico. Isso significa que a escola e a sala de aula só farão sentido para o aluno se houver mudança na concepção teórica e metodológica que marca tradicionalmente o sistema de ensino, o qual mantém uma prática superficial, memorística e autoritária.

Para ocorrer aprendizagem, é importante que se construa em sala de aula uma relação estimuladora da crítica, mediada por outros saberes anteriormente construídos; que nas discussões sejam incorporadas as representações que os alunos têm da realidade na qual vivem; e que seja possível colocar em jogo as várias concepções dos objetos em estudo, oferecendo explicações coerentes e mais profundas sobre os objetos e fenômenos. Por meio de metodologias inovadoras e ativas, que provocam surpresas quando há descobertas e que estimulam a elaboração de outros questionamentos, esses podem ser momentos de superação dos obstáculos de aprendizagem. Mas certamente não se resolve o problema de não aprender com medidas imediatistas e avaliações classificatórias que respondem apenas a uma expectativa estatística e não à qualidade da aprendizagem.

A valorização do professor passa por sua formação e pela consciência de seu papel na escola. É desejável que ele tenha uma postura mais aberta, disposta a incorporar as novas mudanças da sociedade que influenciam a escola. Além disso, uma escola homogênea e que não leva em consideração as diferenças e a pluralidade da comunidade, do lugar onde se localiza e dos referenciais socioculturais, parece fadada a ser um lugar onde não se aprende a ser cidadão, em uma sociedade plural.

Nesse cenário, podemos encontrar oportunidades para que o professor passe a ser valorizado pela maneira como pensa e constrói o percurso educativo, com uma gestão do currículo, nada servindo como justificativa para o aluno não aprender – seja a estrutura ou as condições de trabalho da escola. Mais uma vez, ressaltamos que não desconsideramos o peso que as condições de trabalho impõem ao cotidiano do professor, mas sugerimos, neste artigo, um olhar que fuja da concepção fatalista que reproduz as desigualdades sociais na escola, tal como apresentado no início deste artigo.

O trabalho realizado com os professores durante a formação continuada ocorreu para diminuir a distância entre teoria e prática, de forma que eles pudessem desenvolver estratégias com base em pressupostos teóricos que permitissem tornar a aula diferente, com dinâmicas que envolvessem o aluno e estimulassem as descobertas por meio de problematizações. Além disso, era preciso que o professor se conscientizasse de seu papel de mediador em sala de aula. Entende-se que, durante a mediação, é preciso resolver conflitos e propor atividades, colocando o aluno em situações de aprendizagem, gerando situações de desafio, estimulando-o a estabelecer relações com a realidade. Para se sentirem mediadores conscientes do seu trabalho, os professores precisam se assumir como autores de suas aulas e projetos educativos e não como meros transmissores oficiais de conteúdos. Essas ações também teriam o objetivo de auxiliar o professor a romper com as desigualdades sociais e com a exclusão social em relação à apropriação do conhecimento.

Para romper com a exclusão social na escola, tornando o conhecimento um bem que ajudará a diminuir as desigualdades, temos de enfrentar vários desafios.

Nos dias de hoje, um dos desafios colocados para os professores é superar os vícios de uma educação estática, inerte e ineficaz, investindo em uma educação com mais qualidade e criatividade, com base em temas mais relevantes e com mais sentido social. Dizemos isso porque, para estimular a mudança conceitual e atitudinal do professor, ele precisa, antes de qualquer coisa, acreditar no que faz, ver sentido em sua profissão e no papel da escola. Esse sentimento é pouco perceptível, na medida em que o professor não se considera um mediador nem um autor de suas aulas e avaliações. E esse é um dos desafios apresentados no excerto de Dubet (2008).

Estruturar um currículo escolar com a dimensão que estamos propondo requer autonomia do professor para elaborar suas aulas, individualmente ou em conjunto com a equipe escolar. Nesse sentido, Rué (2009, p. 175) contribui com a seguinte análise sobre a autonomia na aprendizagem:

> (...) adentra o terreno da organização de contextos e processos de aprendizado, nos quais os alunos terão, em suas diferentes fases e condições, um importante papel nas dimensões de autocontrole e de autorregulação. Sobretudo os professores devem criar condições para que o trabalho incorpore situações didáticas que favoreçam a aprendizagem profunda, como as pesquisas científicas.

Para que isso se torne uma prática efetiva e faça diferença, discutimos com os professores da escola que era preciso estabelecer percursos de aprendizagem, levando em conta as características socioculturais da comunidade escolar. Era preciso que o professor elaborasse suas aulas cuidadosamente, deixando claros seus objetivos e procedimentos. Era preciso, ainda, traçar estratégias para atender às necessidades dos alunos. Além de estruturar o conteúdo, destacou-se a importância de ter clareza quanto à essência do que está sendo ensinado e como está sendo ensinado, ou seja, compreender a importância pedagógica da didática.

Sabemos, entretanto, que mudanças didáticas não são fáceis. Para Carvalho (2004, p. 11),

> Se o objetivo é propor uma mudança conceitual, atitudinal e metodológica nas aulas para que, através dessas mesmas aulas, os professores consigam que seus alunos construam um conhecimento científico que não seja somente a lembrança de uma série de conceitos prontos, mas abranja as dimensões atitudinais e processuais, temos que aproveitar essas atividades metacognitivas para, pelo menos, alcançarmos três condições:
> – Problematizar a influência no ensino das concepções de Ciências, de Educação e de Ensino de Ciências que os professores levam para a sala de aula;
> – Favorecer a vivência de propostas inovadoras e a reflexão crítica explícita das atividades de sala de aula;
> – Introduzir os professores na investigação dos problemas de ensino e aprendizagem de Ciências, tendo em vista superar o distanciamento entre contribuições da pesquisa educacional e a sua adoção.

Esse excerto da professora Anna Maria Pessoa de Carvalho vem ao encontro do que acreditamos e do que observamos durante a nossa atuação no curso de formação continuada. A pertinência dessa discussão está em possibilitar a compreensão da dinâmica escolar, mas do ponto de vista da totalidade e não da parte.

Concordamos com as três condições propostas pela autora para desenvolver as atividades de aprendizagem e percebemos que elas podem ser aplicadas em quaisquer áreas do conhecimento escolar – poderíamos, onde se lê "Ciências", ler o nome de qualquer disciplina.

Percebemos, todavia, que investigações há décadas desenvolvidas nas universidades brasileiras e internacionais parecem ser realizadas sem levar em conta o contexto da escola, o que acaba por não refletir a realidade. Por outro lado, é possível ver também que muitas pesquisas realizadas nas escolas, em parceria com os professores, revelam que há necessidade de alterações nas posturas e nas concepções de organização das aulas, criando-se condições para os alunos aprenderem. Por conta disso, a escola assume uma postura de negar as investigações e continua vivenciando uma prática que reforça a cultura de senso comum: "sempre fiz assim e deu certo", "isso é modismo". Esses dados são importantes para destacar a necessidade de incorporar uma boa intervenção teórica no contexto escolar. É nesse momento que fica concretizada a parceria entre Universidade Pública e Escola Pública, em que há compreensão de ambas as partes acerca da necessidade de uma cumplicidade entre teoria e prática e entre os diferentes olhares sobre o processo de ensino e de aprendizagem.

O trabalho docente não alcança qualidade se o profissional não tiver formação teórico-metodológica e cultural sólida. Uma formação precária prejudica a ação docente na escola e torna os professores incapazes de argumentar, interpretar e explicar o mundo. Uma formação inadequada implica, por exemplo, falta de compreensão do papel do currículo na formação do aluno, gerando muita confusão no campo da ciência e no da metodologia do ensino. Desse modo, o processo de ensino e aprendizagem fica comprometido.

Nesse sentido, no que diz respeito à formação docente, é importante superar a dicotomia entre a teoria e a prática, em que a teoria é vista como algo que contribui para entender a realidade e a prática é sua aplicação. Como afirma Cavalcanti (2008, p. 86),

> (...) consolidou-se o pensamento de que a teoria tem a ver com o conhecimento científico, que supera as manifestações particulares da prática. A ideia predominante é a de que a teoria é a dimensão própria da ciência e dos cursos de formação superior e a prática, a dimensão das escolas e dos professores (...).

Superando-se essa dicotomia, o futuro professor terá compreensão conceitual, tanto na dimensão epistemológica quanto na pedagógica, para poder estabelecer de fato o diálogo entre a didática e o conhecimento específico, rompendo com uma prática tradicional.

Essa ideia pôde ser comprovada durante o encaminhamento de uma pesquisa realizada em uma escola pública do município de São Paulo (projeto Fapesp, encerrado em 2010), onde foi possível notar que os professores de matemática, por exemplo, tinham uma boa formação e, por isso, mais clareza dos encaminhamentos metodológicos voltados para a aprendizagem significativa. Eles ajudavam o grupo a pensar em atividades mais integradoras e eram mais críticos em relação às propostas. Entre os professores que tinham uma formação mais frágil, havia dificuldade para estabelecer relações de pensamento simples, como comparar ou relacionar elementos da realidade com a teoria ou compreender textos teóricos. Isso ficou muito evidente nas reuniões com o grupo, as quais estão relatadas na tese de livre docência (Castellar, 2010).

A despeito da resistência de alguns professores (por razões diversas), a partir de nossas propostas, que traziam problematizações fundadas no cotidiano, os alunos participaram das atividades contemplando metodologias diferenciadas e houve melhora na aprendizagem, ainda que aparentemente modesta. Tudo isso reforça a ideia de que é preciso desenvolver atividades que estimulem as descobertas, desafiem os alunos e tenham sentido no que diz respeito à realidade em que eles vivem.

Uma parte significativa da discussão que permeou as ações no projeto anteriormente relatado, como no curso de formação, passava por entender que, apesar de todas as contradições materiais da vida de professor (salário, condição de trabalho, deslocamento, tempo para estudar e preparar aula), era preciso considerar a necessidade de organizar a aula, de planejá-la. Outra análise interessante foi concernente às políticas educacionais: para os professores do grupo, elas exigem mudanças da cultura pedagógica dominante, incorporando aspectos do construtivismo, mas reforçam a burocratização, o formalismo, o individualismo, em um contexto escolar que pouco favorece a liderança pedagógica do professor.

As tentativas de mudança de padrões nas práticas escolares demonstram a complexidade das questões envolvidas no cotidiano escolar. Deve-se fomentar a realização de algumas tarefas pelo professor, como registro sobre as aulas e os alunos; planejamento das atividades de aprendizagem e organização da aula, a fim de compreender as dinâmicas estabelecidas. Para tanto, é necessário que o professor se sinta respeitado e que lhe sejam oferecidas oportunidades adequadas de formação profissional.

Ao mesmo tempo, devem ser proporcionados recursos pedagógicos e materiais que tornem a escola um espaço de trabalho e de vida, viabilizando ações pedagógicas mais significativas, com construção de conhecimento, formação do caráter e da cidadania. É exatamente nesse ponto que se analisa com profundidade a relação entre ensino e aprendizagem.

Assim, podemos dizer que aprender é uma atividade muito delicada. É uma tarefa que supõe assimilar novas informações, readquirir seus próprios esquemas e, para que esse processo aconteça, as propostas didáticas devem ser pensadas levando em consideração as características dos alunos e a mudança nas estratégias, se necessário. Enfim, a aprendizagem precisa envolver descobertas, surpresas e desafios, partindo do que o aluno sabe.

Os propósitos significativos para a organização da dinâmica da aula – como favorecer o desenvolvimento de atitudes que possibilitem a aprendizagem; favorecer a autoimagem positiva dos alunos; aprender a estabelecer uma relação entre as aprendizagens formuladas na teoria e as aprendizagens de caráter pessoal e experiencial – são fundamentais para o surgimento de modelos didáticos pedagógicos que favoreçam o desenvolvimento efetivo da aprendizagem. Tudo isso, porém, depende das decisões e da postura do professor, ou seja, do que se chama de cultura docente. Como comenta Rué (2001, p. 107),

> A gestão dos processos de ensino dentro da sala de aula engloba um campo muito amplo de situações docentes. A mesma noção de gestão nos remete a ideia de que, em função de propósitos e objetivos diferentes, as situações de ensino e aprendizado gerados podem ser muito diferentes na sua condição e nos seus efeitos, assim como podem ser diferentes em razão aos tipos de alunos, seja pela idade ou pelas suas especificidades socioculturais, ou pelo pe-

ríodo educativo em que se desenvolve um acontecimento dado, em função dos diferentes requerimentos de cada situação educativa.[6]

Essas questões não podem ser deixadas de lado quando se analisa a formação dos professores e a ação docente, na medida em que atuam diretamente na construção de conhecimentos que os estudantes precisam ter. Há a necessidade de se efetivar uma formação voltada para a cidadania, sólida do ponto de vista do conhecimento das ciências e que abra caminhos para a vida.

Talvez esse momento seja importante para enfrentarmos os problemas relativos à dinâmica da escola e à formação dos professores. Pensamos que, ao assumir um modelo de escola plural, no qual se valoriza a formação autônoma do aluno, recuperaremos as três condições de ensino e aprendizagem.

Para que esses desafios não se convertam em obstáculos e consigamos chegar efetivamente à qualidade, é necessário o apoio de uma fundamentação pedagógica, a clareza dos novos papéis na sociedade do conhecimento, a utilização de diferentes espaços e linguagens para a aprendizagem, a valorização social e cultural da comunidade escolar e uma formação que estimule a autonomia do professor, possibilitando outros entendimentos e propiciando as mudanças didático-pedagógicas necessárias ao estímulo da formação cognitiva, ética, estética dos professores, considerando vários contextos socioculturais. Mas para isso a educação deve ser entendida como um bem para formar cidadãos, com uma base sólida – portanto com o Estado assumindo, também, que a educação de qualidade é um direito do cidadão.

---

6 La gestión de los procesos de enseñanza en el aula abarca un campo muy amplio de situaciones docentes. La misma noción de gestión nos remite a la idea de que, en función de propósitos y objetivos diferentes, las situaciones de enseñanza y aprendizaje generados pueden ser muy distintas en su conducción y en sus efectos, como pueden ser distintas en razón del tipo de alumnos, sea por la edad o por sus especificidades socio-culturales, o por el tramo educativo en el que se desarrolle una situación dada, en función, en suma, de los diferentes requerimientos de cada situación educativo.

Um modelo de educação com essa base teórica e plural requer uma maior preparação e dedicação dos professores, além de um maior investimento público na educação básica. Um modelo que é, segundo Martínez (2001, p. 85),

> (...) pedagogicamente mais complexo e seu sucesso não pode ser analisado só aplicando critérios de avaliação de produto e/ou econômicos; sua correta avaliação está relacionada com os indicadores de progresso e de bem-estar social que sociedades como as nossas procuram e que fazem referência também aos de convívio democrático (...) e, definitivamente, acesso equitativo ao bem-estar individual e coletivo.[7]

Nesse sentido, podemos afirmar que, durante a formação inicial e continuada de professores, é necessário reforçar temas que contribuam para mudanças na compreensão já incorporada sobre o papel da escola. Deve-se reforçar a ideia de que o professor necessita compreender a realidade social, ampliar seu repertório cultural e científico, para participar dos projetos educativos escolares.

Assim, espera-se provocar uma profunda reflexão sobre a importância social da escola, o papel do currículo escolar e do processo de ensino e aprendizagem, na medida em que, de maneira organizada ou não, os professores e gestores serão obrigados a abordar questões importantes, como o modelo pedagógico adequado para a escola em que atuam. Um exemplo que pode ser apresentado é que, apesar do caráter construtivista do processo de ensino e aprendizagem, observamos que as disciplinas ainda são organizadas de maneira tradicional e há muito a se fazer para que esta visão e este entendimento acerca não só da escola como do processo de formação do indivíduo sejam transformados.

---

7 (...) pedagógicamente más complejo y su éxito no puede ser analizado aplicando sólo criterios de evaluación de producto y/o económicos; su correcta evaluación está relacionada con los indicadores de progreso y de bienestar social que sociedades como las nuestras procuran, y que hacen referencia también a los de convivencia democrática (...) y, en definitiva, acceso equitativo al bienestar individual y colectivo.

Nesse contexto de superação de desigualdades, acrescentamos: qual a função social da escola obrigatória? Qual o papel das disciplinas na formação básica dos jovens? Que jovens constituem essa comunidade? Qual a sequência de atividades que promove melhor a aprendizagem? Essas perguntas podem contribuir para estruturar o currículo escolar.

Nossa análise permite afirmar que, apesar de a ciência da educação ter sofrido muitas mudanças, as escolas permanecem com as mesmas concepções de outrora. Destacamos essa questão, que é óbvia e já foi estudada por muitos pesquisadores, mas que a escola não considera quando elabora as ações pedagógicas: ela caminha em sentido oposto ao da ciência da educação.

A cultura escolar continua considerando todos os alunos da mesma idade em igual condição de aprender, seguindo o mesmo currículo e o mesmo tipo de aula, sem notar as diferenças. As escolas continuam abordando os temas com um único referencial científico e adotando a mesma avaliação para todos os alunos de uma mesma série, sem levar em consideração que os processos são individuais, apesar de acontecerem coletivamente. Mesmo percebendo que as salas de aula são heterogêneas, elaboram uma única avaliação, um modelo único de verificação da aprendizagem – desconsiderando outras formas de avaliação – e um mesmo plano de aula. Os professores acabam, assim, trabalhando mais em sala de aula do que os alunos, que normalmente não executam nenhuma atividade ou não querem se envolver pelo fato de não se sentirem incluídos nem no processo de ensino nem no de aprendizagem.

Para alcançar uma aprendizagem real, primeiro é preciso que o aluno queira aprender (dimensão da metacognição), depois é necessário que ele perceba que é capaz disso, e, por fim, que reflita sobre a relevância da escola para sua vida. Para isso, é importante que as aulas trabalhem a conscientização da aprendizagem no sentido de levar os alunos a refletir sobre os temas tratados, estabelecendo conexões com o dia a dia.

Entender essa articulação significa compreender a função da escola, sua dinâmica e a complexidade do cotidiano. Ao conceber a escola como lócus da aprendizagem, não de uma maneira utópica, mas realista, com suas dimensões cognitiva, afetiva e cultural, tem-se a clareza de que o processo de ensino e aprendizagem é parte integrante da prática social historicamente constituída. Portanto, é necessário fazer alguns questionamentos em torno da atividade do professor: *como ele pensa a organização de sua aula? Como organiza o tempo da aula? Quais referenciais culturais dos alunos são levados em consideração na hora de preparar suas aulas?*

Para responder a esses questionamentos de forma a assegurar uma aprendizagem significativa, devemos considerar um perfil de professor sustentado nas concepções progressistas, culturais e democráticas. Além desses referenciais, o professor deve ter uma formação que articule a base teórica (específica e pedagógica) com a cultura escolar, mediante processos de reflexão coletiva que emergem de problemas práticos.

Colaborando com as sugestões para melhorar a qualidade do ensino e da aprendizagem na escola pública, a pesquisadora em educação Tomlinson (2001, p. 45) apresenta a seguinte ideia, reforçando nossas análises sobre a aprendizagem suscitadas a partir de nossa investigação na escola.

> Através da crescente compreensão que nos proporciona a psicologia e os estudos sobre o cérebro, sabemos que os indivíduos aprendem melhor quando se encontram em um contexto que lhes proporciona desafios em doses moderadas (...) ou seja, quando uma tarefa é muito difícil para um aprendiz, este se sente ameaçado e se remete a um estado que faz as vezes de carapaça. Um aprendiz que se sente ameaçado não mostrará tenacidade na resolução de um problema. No extremo oposto, uma tarefa simples também não estimula a habilidade do aluno para pensar ou resolver problemas. Torna-se relaxado. Uma tarefa se encontra num nível apropriado de desafio quando pede ao aluno que se arrisque a dar um salto em direção ao desconhecido, mas partindo dos conheci-

> mentos suficientes para começar e contando com os apoios adicionais para atingir um novo nível de compreensão (...)[8]

Nesse sentido, as atividades devem constituir desafios, mas ser adequadas à realidade de cada aluno, para que progressivamente se possa ampliar o grau de complexidade do conteúdo estudado. Assim, essas atividades vêm ao encontro das condições de aprendizagem apresentadas anteriormente por Carvalho (2004).

Uma prática pedagógica mais inovadora permite ao aluno observar, descrever, comparar e analisar os fenômenos, desenvolvendo habilidades intelectuais mais complexas, como fazer correlações dos conceitos científicos implícitos no cotidiano. Para isso, faz-se necessário que ele aprenda a ler a realidade e a compreender o lugar de vivência, adquirindo saberes que lhe permitirão compreender outros lugares e atuar, isto é, aprender a viver.

A aprendizagem será significativa quando a referência do conteúdo estiver presente no cotidiano da sala de aula, quando se considerar o conhecimento que a criança traz consigo, a partir de sua vivência. Ao mesmo tempo, o professor deve ampliar essa vivência, buscando, por exemplo, argumentos que saiam do senso comum ou do que é aparentemente observável e dedutível e que estimule no aluno, por seu turno, o trabalho com a linguagem científica e mesmo a linguagem comum do conhecimento cotidiano, mediando assim a decodificação de seus códigos, símbolos, estruturas de construção do saber e suas representações. Essas referências contribuirão para a formação de conceitos científicos a serem explorados a partir de estratégias didáticas diversificadas.

---

[8] A través de la creciente comprensión que nos proporcionan la psicología y los estudios sobre el cerebro, sabemos ahora que los individuos aprenden mejor cuando se hallan en un contexto que les proporciona desafíos en dosis moderadas (...) Es decir, cuando una tarea es muy difícil para un aprendiz, éste se siente amenazado y se instala en un estado que hace las veces de caparazón. Un aprendiz que se siente amenazado no mostrará tenacidad en la resolución de un problema. En el extremo opuesto, una tarea sencilla tampoco estimula la habilidad del alumno para pensar o resolver problemas. Se relaja demasiado. Una tarea se encuentra en el nivel apropiado de desafío cuando le pide al alumno que se arriesgue a dar un salto hacia lo desconocido, pero partiendo de los conocimientos suficientes para comenzar y contando con los apoyos adicionales para alcanzar un nuevo nivel de comprensión. (...)

Uma proposta de percurso curricular discutida e elaborada com o grupo de professores estabeleceu, a partir de um projeto educativo ou metodologias inovadoras que incluiriam visitas a parques, centros de divulgação científica ou museus, uma estratégia para o desenvolvimento de um ensino capaz de ampliar o repertório cultural e científico do aluno. Nesses espaços, os alunos são estimulados a articular os conceitos científicos com o que já sabem, organizando-os em redes de significados, a partir da vivência em diferentes lugares. Ao incorporar elementos da cultura urbana no cotidiano da escola, ao organizar projetos que mudam a visão tradicional de currículo, buscando integrar áreas e disciplinas escolares, podemos afirmar, à luz dos resultados da intervenção no curso de formação, que os alunos serão estimulados a aprender, pois a escola fará sentido nas suas vidas.

Quando se desenvolvem projetos educativos com temas que partem do interesse dos estudantes, ampliam-se as possibilidades de envolver conteúdos em um processo cognitivo menos agressivo, e o educando passa por um processo natural de reorganização de seus esquemas e estruturação de conceitos. O conhecimento cotidiano é importante na compreensão e ação das pessoas em contextos de atividades específicas, não fazendo sentido anulá-lo no contexto de aprendizagem.

4. O processo de aprendizagem: as possíveis mudanças nas ações docentes

O que percebemos quanto à formação inicial do docente é a fragilidade de algumas discussões teóricas, as quais resultam em resistência às mudanças, pois mudar significa rever posturas diante do mundo e as relações sociais existentes, o que muitas vezes gera certo mal-estar. Na verdade, o professor deveria ter um grau de discussão teórica que lhe permitisse avaliar a sua formação em função da aprendizagem do aluno, como um processo de autoformação crítico-reflexiva. Nesse contexto, a formação continuada se faz necessária, na busca de rever as discussões teóricas e metodológicas.

Se a formação universitária do professor é tão importante para melhorar o ensino, estamos diante de um problema que requer uma solução prática e efetiva.

Ou seja, o nosso compromisso com o ensino público faz com que tenhamos de agir de diferentes maneiras, com clareza do nosso papel e das limitações que todas as propostas de formação inicial e continuada possam ter.

Sabemos, contudo, que muitas vezes a eficácia dos cursos de formação continuada não se reflete necessariamente em mudar a prática, mas em provocar um processo de reflexão sobre a prática e, ao mesmo tempo, levar o professor a compreender que as teorias precisam ser desenvolvidas nos cursos. Em uma sociedade democrática, onde se confrontam múltiplos interesses e estratégias, a mudança do sistema educativo passará necessariamente por um longo percurso e, em função disso, terá de ter diferentes desenhos para que possamos atingir o maior número de pessoas possível.

Como já afirmamos, a função docente deve ser estimuladora para que o aluno possa exercer atividades que envolvam vários espaços de aprendizagem e trabalhe com diferentes instrumentos didáticos, procurando colocar o aluno no processo de aprendizagem não como um espectador, mas como aquele que interage com o saber. Isso é importante porque esperamos que o aluno seja capaz de compreender o mundo no qual está inserido e de ser responsável por sua continuidade. Para isso, deve entender por que determinados fenômenos acontecem na sociedade, percebendo que mais importante que decorar o nome de um país ou de um rio é compreender a dinâmica do mundo e daí o nome dos países e dos rios passam a fazer sentido.

Não podemos então deixar de discutir em um curso de formação continuada a importância dos temas que resultam na dinâmica decorrente da interação entre sujeito e objeto de conhecimento, interação que possibilita a criação de representações e relações entendidas dentro de uma lógica explicativa para o indivíduo sujeito da aprendizagem. Assim, a construção de conhecimentos é viabilizada por meio da vontade do sujeito, ou seja, da disponibilidade e interesse em apreender determinado conteúdo, e também pela pessoa que ensina, a qual deve identificar os conhecimentos prévios para detectar um conflito entre o que já se conhece e o que se deve aprender, propondo o novo conhecimento de maneira atrativa, de forma que este se apresente como um desafio interessante. Esse processo não só ajuda na aprendizagem de conteúdos como permite ao aluno aprender a aprender, percebendo-se inserido no processo de aprendizagem. Nessa perspectiva, é importante compreender por que se ensina; o que se ensina; como se ensina e para quem se ensina, já que essas perguntas nos ajudam a organizar os planos de aulas, entendendo-os como um processo – o de ensino e o de aprendizagem.

Concordamos com Meirieu (2005) quando enfatiza que ao nos referirmos à aprendizagem temos, inevitavelmente, de nos remeter novamente à discussão sobre a escola e sua função de promover a humanidade do homem. Devemos, nesse sentido, como Instituição, comprometer-nos em manter vivas as questões fundamentais da existência, questões que sempre foram colocadas e respondidas de diferentes maneiras através dos tempos e que continuarão a suscitar diferentes respostas. Isso é fundamental para restaurar a ligação entre as gerações e também para permitir articular e reelaborar novas respostas. Partindo desse pressuposto, o objetivo da escola é apresentar uma pedagogia por meio da qual os indivíduos sejam capazes de assumir serenamente a diferença de suas respostas e de se engajar em formas de cidadania solidária, as quais, em certa medida, segundo o autor, ainda precisam ser inventadas.

Essa pedagogia inclui, entre outras coisas, a aprendizagem cumulativa, ou seja, uma aprendizagem na qual as competências são desenvolvidas progressivamente pela construção decorrente de experiências prévias e aprendizagens em níveis crescentes de complexidade; a ativação da memória, conscientemente resgatando a aprendizagem prévia, para, em seguida, construir sobre ela; a elaboração ou reflexão ativa sobre o que tem sido aprendido, para, em seguida, consolidar um novo conhecimento, entendimento ou habilidade (Meirieu, 2005).

Nas formações continuadas de professores propomos estratégias que possibilitaram a eles autonomia e criação das várias modalidades de ensino, desde as aulas expositivas mais criativas até a organização de sequências didáticas.

Esses procedimentos encadeados com o intuito de desenvolver e propiciar a construção de conhecimentos pelo sujeito da aprendizagem foram organizados e aplicados pelo professor, tendo em vista o planejamento, a reflexão sobre a prática de ensino e a possibilidade de reestruturação e adaptação do planejado, de acordo com as demandas. Isso tudo constituiu uma sequência didática que contemplou atividades e procedimentos que mereceram ser discutidos.

Existem diferentes formas de se elaborar uma sequência didática, no entanto, uma que vise à aprendizagem significativa e à construção da autonomia do aluno, transformando-o em agente de seu processo de aprendizagem, deve articular diferentes conteúdos e diferentes estratégias. Esses conteúdos podem ser conceituais, factuais, procedimentais ou atitudinais. Cada tipo de conteúdo demanda uma estratégia própria, que viabiliza sua aprendizagem.

O passo que sucede o levantamento de conhecimentos prévios é a sensibilização, o que significa que, na sequência didática, é importante que os procedimentos sejam propostos de maneira significativa e funcional, além de tratarem conteúdos acessíveis aos alunos. Trata-se de um desafio alcançável que permite avançar em conhecimentos, além de criar zonas de desenvolvimento proximal. Para que isso seja possível, é necessário problematizar os conteúdos e suscitar o problema, bem como a necessidade de este problema ser resolvido. Cabe destacar que os procedimentos devem ser adequados ao nível de desenvolvimento cognitivo de cada aluno, provocando o conflito cognitivo e a atividade mental, para que se estabeleçam as relações entre os conhecimentos prévios e os novos conteúdos (Zaballa, 1998).

No cotidiano da sala de aula, percebemos nitidamente o quanto é importante o desejo pela descoberta e o quanto esse anseio facilita o processo de aprendizagem, já que os questionamentos possibilitam o entendimento dos conteúdos de maneira mais incisiva, pois quando temos interesse em determinado assunto procuramos esgotar suas possibilidades, cercando o tema e buscando entendê-lo sob todas as perspectivas. No procedimento de problematização, também é importante realizar a contextualização do conteúdo tratado, destacando sua importância atual e a evolução do conhecimento na história do homem.

Meirieu (2005) trata o procedimento da problematização como uma tensão, afirmando que toda aprendizagem engrena-se a partir de um desejo e requer correr riscos. Isso quer dizer que toda possibilidade de conhecer uma coisa nova – toda nova aprendizagem – mexe com a inibição e com os desejos do aluno, ocasionando um misto de sentimentos em diferentes graus de intensidade, dependendo do aluno. O fato é que, para que seja possível fazer o sujeito se interessar pelo novo desafio, é necessário criar uma atmosfera que o envolva e desperte o seu anseio de entender o que está sendo tratado. Isso ocorre principalmente quando o sujeito percebe a relação dos conteúdos com o seu cotidiano.

Durante as conversas com os professores, nos cursos, pudemos constatar, em diferentes momentos, a existência de uma postura curiosa e com envolvimento. Ao trazerem os resultados de sala de aula, ficava evidente que a curiosidade e a participação do aluno nas discussões e nas atividades aumentavam significativamente quando a problematização era utilizada: ao colocar o próprio conteúdo em dúvida, o professor conseguia fazer com que a atenção do aluno se voltasse no sentido de entender por que as coisas podiam não ser exatamente como ele, até aquele momento, acreditou que fossem. Assim, quando perguntamos, no curso: "Será que é assim mesmo?", "Mas se é dessa maneira, por que ocorre desse jeito?", "Por que será que acontece dessa forma?", "Mas será que contribuímos para agravar esse quadro?", "Qual é a relação desse fato com o que estudamos?", estávamos propiciando situações nas quais, em primeiro lugar, o professor participante do curso percebia que o que ele sabia sobre o assunto não era suficiente para responder às questões, ou, ainda, estávamos introduzindo o estudo de um conteúdo que era desafiador. Em segundo lugar, tal procedimento favoreceu uma reflexão do professor acerca de seus alunos, no sentido de que, para se deixar levar no processo de aprendizagem, o aluno deve estar disposto a correr risco: risco de errar e de se expor quando realiza colocações ou apresenta suas hipóteses perante o grupo. Evidentemente, um ambiente favorável à aprendizagem também inclui uma aula na qual os riscos devem ser enfrentados de forma que se evitem situações de muita exposição do sujeito, trabalhando assim conteúdos atitudinais, como o respeito mútuo.

Ao refletir sobre as categorias da Geografia Escolar, percebemos as muitas possibilidades de trabalhar os conteúdos de forma interdisciplinar, uma vez que o entendimento do espaço e a leitura das paisagens demandam a compreensão de diferentes conceitos relacionados e a relação de diversos conteúdos. Assim, ao trabalharmos os conteúdos de Geografia no corpo de um projeto temático, podemos articular os conteúdos de maneira contextualizada, espacializada e relacionando-os com as outras áreas do conhecimento.

O levantamento de conhecimentos prévios e as problematizações, ou seja, os questionamentos sobre os conteúdos e conceitos tratados, devem permear todo o trabalho a fim de retomar, reelaborar, aprofundar ou reestruturar esses conceitos. Desta forma, a sequência didática se coloca como uma ferramenta dinâmica, pois está em permanente construção. Mesmo que o professor inicialmente proponha o tema do projeto, os alunos, por meio dos questionamentos, acabam contribuindo para a elaboração do currículo, o que foi verificado nos projetos com os grupos de professores e seus respectivos alunos.

Um dos grandes desafios, conforme pudemos vivenciar, passa a ser como formar professores das séries iniciais, que não têm formação específica na área de Geografia, e, ao mesmo tempo, como instrumentalizar esses professores no sentido de fazê-los tratar os conteúdos e conceitos da área de maneira articulada dentro de um projeto. No entanto, alguns dos conteúdos e conceitos geográficos, que habitualmente são ensinados por esses professores, foram utilizados como ponto de partida em nossa intervenção para diagnosticar o entendimento que eles tinham e também para iniciar as discussões e oficinas, a fim de que desenvolvessem estratégias de aulas que pudessem ser aplicadas junto aos seus alunos. Essas estratégias foram trabalhadas, como já assinalamos, por meio da elaboração de sequências didáticas e projetos que contribuíssem para a aprendizagem significativa dos conteúdos propostos.

Para tanto, apresentamos diferentes situações-problema aos professores, que deveriam pensar, em um primeiro momento, sobre os conceitos que estavam ligados a cada situação. Depois, tiveram de construir uma tabela indicando o que sabiam e o que não sabiam sobre o assunto. Em um terceiro momento, registraram os conteúdos que poderiam ser trabalhados a partir da situação apresentada. Ainda como continuidade das ações, solicitamos aos professores que elencassem que objetivos de aprendizagem eram passíveis de serem alcançados, de acordo com suas respectivas turmas e a partir do que foi levantado previamente.

Ao se depararem com esta proposta – intencionalmente apresentada com o objetivo de fazê-los refletir sobre como se dá o processo de construção do conhecimento quando se parte da realidade para depois teorizarmos sobre esta realidade –, os professores observaram que, muitas vezes, construíam o plano de suas aulas focando o preenchimento de espaços, sem questionarem a amplidão de conceitos e de conteúdos associados, o que levava a uma aprendizagem mnemônica e sem sentido por parte dos alunos e deles mesmos. Tal atividade tem como suporte teórico e metodológico os estudos realizados por Leite e Afonso (2001) e Moraes (2010).

Ao utilizar essa estratégia, pudemos verificar que a articulação entre sequência didática e aprendizagem por problemas contribuiu para o processo de aprendizagem e para a formação dos professores. Acreditamos que, dessa forma, podemos pensar em mudanças que vão, diante do que foi aqui apresentado, muito além de alterar apenas um plano de aula. Ao contrário, como constatamos nos trabalhos desenvolvidos, houve uma melhora na prática docente no sentido de pensar outra forma de organização da aula, levando-se em consideração o saber de referência do aluno e o trabalho com a linguagem científica.

REFERÊNCIAS

AZANHA, J. M. P. Democratização do ensino: vicissitudes da ideia no ensino paulista. **Revista Educação e Pesquisa**, São Paulo, v. 30, n. 2, p. 335-344, maio/ago. 2004.

BACHELARD, G. **A formação do espírito científico**: uma contribuição para a psicanálise do conhecimento. Rio de Janeiro: Contraponto, 1996.

BIARNÉS, J. **Universalité, diversité et sujet dans l'espace pédagogique**. Paris: L'Harmattan, 1999.

CARVALHO, A. M. P. de. Critérios estruturantes para o ensino de ciências. In: CARVALHO, A. M. P. de (Org.). **Ensino de ciências**: unindo a pesquisa e a prática. São Paulo: Pioneira Thonsom Learning, 2004. p. 1-17.

CASTELLAR, S. O ensino de geografia e a formação docente. In: CARVALHO, A. M. P. de (Org.) **Formação continuada de professores**. São Paulo: Pioneira Thomson Learning, 2003. p. 103-122.

_____. **Didática da Geografia (escolar)**: possibilidades para o ensino e a aprendizagem no ensino fundamental. Tese (Livre-Docência) – Faculdade de Educação, Universidade de São Paulo, São Paulo, 2010.

CASTELLAR, S.; VILHENA, J. **Ensino de Geografia**. São Paulo: Cengage Learning, 2010.

CAVALCANTI, L. de S. Formação inicial e continuada em Geografia: trabalho pedagógico, metodologias e (re)construção do conhecimento. In: ZANATTA, B. Ap.; SOUZA, V. C. de (Org.). **Formação de professores**: reflexões do atual cenário sobre o ensino de Geografia. Goiânia: Vieira/NEPEG, 2008.

CHAMLIAN, H. C. **Experiências de pesquisas**: o sentido da universidade na formação docente. Tese (Livre-Docência) – Faculdade de Educação, Universidade de São Paulo. São Paulo, 2004.

DUBET, F. **O que é uma escola justa? A escola das oportunidades**. São Paulo: Cortez, 2008.

LEITE, L.; AFONSO, A. S. Aprendizagem baseada em resolução de problemas: características, organização e supervisão. XIV Congresso de Ensino de Ciências. Universidade do Minho. **Boletim das Ciências**, ano XIV, n. 48, nov. 2001.

MARTÍNEZ, M. Un lugar llamado escuela. In: MARTÍNEZ, M.; BUJONS, C. (Coord.). **Un lugar llamado escuela**: en la sociedad de la información y de la diversidad. Ariel: Barcelona, 2001. p. 12-85.

MEIRIEU, P. **O cotidiano da escola e da sala de aula**: o fazer e o compreender. Tradução de Fátima Murad. Porto Alegre: Artmed, 2005. 221 p.

MORAES, J. V. **A alfabetização científica, a resolução de problemas e o exercício da cidadania**: uma proposta para o ensino de Geografia. Tese (Doutorando). Faculdade de Educação, Universidade de São Paulo. São Paulo, 2010.

RUÉ, J. **La acción docente en el centro y en el aula**. Madrid: Sintesis Educación, 2001.

_____. Aprender com autonomia no ensino superior. In: ARAUJO, U.; SASTRE, G. (Org.). **Aprendizagem baseada em problemas no ensino superior**. São Paulo: Summus, 2009. p. 157-176.

SOLÉ, I. Bases psicopedagógicas de la práctica educativa. In: MAURI, M. T.; SOLÉ, I; CARMEN, L. D.; ZABALA, A. **El curriculum en el centro educativo**. Barcelona: Horsori, 1990. p. 51-88.

TOMLINSON, C. A. **El aula diversificada**: dar respuestas a las necesidades de todos los estudiantes. Barcelona: Octaedro, 2001.

ZABALA, A. As sequências didáticas e as sequências de conteúdos. In: _____. **A prática educativa – como ensinar**. Tradução de Ernani F. da Fonseca Rosa. Porto Alegre: Artmed, 1998. p. 53-86.

capítulo 2

❖

Formação de professores e exercício profissional

Sílvia Luzia Frateschi Trivelato[1]

Alterações dos currículos dos cursos de licenciatura, ampliação dos estágios, inclusão de disciplinas e mudanças de enfoque são exemplos de como os cursos de formação de professores têm sido alvo de preocupações e esforços. Ainda assim, é frequente percebermos que, próximos de se graduarem, os licenciandos ainda se sentem despreparados para o exercício profissional. E, possivelmente, esse sentimento não se deve nem ao fato de eles não terem aprendido o que se esperava que aprendessem, nem ao fato de não lhes terem ensinado o que se esperava que lhes ensinassem. É claro que existem alunos que pouco se dedicam às suas atribuições discentes, assim como também existem instituições de ensino que não atendem a seus propósitos acadêmicos; mas não é sobre essa parcela que queremos falar. Queremos refletir sobre as melhores possibilidades de formar bons professores.

Perseguimos, na academia, o conhecimento, cultivado em suas múltiplas formas, e valorizamos a produção e o aprofundamento conceitual. Derivam daí as práticas de validação, difusão e referenciamento que adquirem contornos mais ou menos específicos dentro de cada área e que se incorporam e difundem nos cursos de graduação. Formamos alunos – futuros profissionais – que sabem fazer coisas que são valorizadas e consideradas importantes dentro dos círculos acadê-

---

[1] Doutora em Didática pela Faculdade de Educação da USP, onde é professora desde 1982, na área de Metodologia do Ensino, nos cursos de Pedagogia e de Licenciatura em Ciências Biológicas. Atua nos programas de Mestrado e de Doutorado em Educação da Feusp e no Programa de Pós-Graduação Interunidades em Ensino de Ciências – Modalidade Biologia, da USP.

micos: produzir conhecimento, analisar situações e contextos, fundamentar teoricamente suas análises.

É fato também que em boa medida a formação do futuro professor se pauta por conteúdos e ações organizadas sob a lógica de disciplinas. Ensinam-se teorias oriundas da sociologia, da história, da psicologia, da didática, da filosofia e da pedagogia, entre outras, organizadas em unidades autônomas e especializadas (Tardif, 2000). Mais do que um enfoque voltado para o enfrentamento das questões e problemas que têm lugar no exercício profissional, a formação inicial privilegia a lógica conceitual das disciplinas ou das ciências de referência.

Apesar de os cursos, por vezes, até exagerarem nos enfoques teóricos, no conhecimento acumulado e no domínio de conceitos que podem subsidiar interpretações e práticas, ainda assim, a formação inicial padece de certa incompletude proveniente, talvez, do distanciamento entre as licenciaturas e o exercício mais efetivo das práticas docentes.

Supostamente os estágios seriam o *lócus* curricular responsável por evitar tal distanciamento e, nesse sentido, as alterações que ampliaram as horas de estágio dos cursos de formação de professores seriam bem-vindas. Entretanto, algumas dificuldades operacionais e outras um tanto mais difíceis de circunscrever e superar tornam o estágio pouco efetivo para essa função. Diferentemente do que ocorre em outras carreiras, o estágio curricular na formação de professores não tem, tradicionalmente, inserido o estudante no ambiente de trabalho de maneira efetiva. O mais comum é que essas atividades fiquem concentradas em visitas de observação, em ações pontuais, em práticas vinculadas a projetos especiais, sendo pouco frequente que o estagiário se engaje na rotina das atividades regulares e se integre à equipe da escola.

Para alguns autores, os estágios desenvolvidos nos cursos de formação de professores muitas vezes se resumem a processos de indução, com aprendizagem por observação de práticas ou por ensaio e erro, sem espaço para reflexão e crítica (Monteiro, 2000). Na maior parte das situações, falta um interlocutor com quem o estagiário possa problematizar as questões originadas de sua prática ou de sua observação, pois os profissionais que o recebem na escola não têm essa atribuição nem tempo para isso contemplado em sua jornada de trabalho.

As vivências ocorridas no estágio proporcionam muitos conhecimentos que enriquecem e ampliam as reflexões e os assuntos tratados nas disciplinas acadêmicas. Certamente encontraremos muitos exemplos em que as atividades desenvolvidas nos estágios são orientadas para se constituírem em efetivas oportunidades de construção de conhecimento, isto é, situações reais em que os professores em formação, inspirados por interesse genuíno e guiados por um arcabouço teórico já existente, podem observar e atribuir significado a algo.

Ainda assim, o estágio é a vivência de um agente externo, de alguém que não está totalmente integrado à equipe ou à instituição educacional. Falta ao professor em formação o conhecimento vivencial de como é o dia a dia da escola, a dinâmica dos horários, de como é a forma de proceder entre colegas na sala dos professores, de qual é o seu grau de liberdade na condução do currículo, ou o seu poder de decisão em questões como o projeto pedagógico, a escolha do livro didático, a definição da avaliação, o enfrentamento de problemas de disciplina etc. Mesmo que esses temas tenham sido tratados nos cursos de licenciatura ou que tenham sido objeto das atividades de estágio, não terão sido vivenciados; terão recebido um olhar alheio, de alguém externo à situação.

O estágio pode ser considerado um dos momentos mais importantes da formação inicial, pois é quando, por meio de situações vividas, o futuro professor começa a construir seus saberes experienciais. Arruda, Lima e Passos (2011) alertam, entretanto, para o fato de que essa experiência não tem o mesmo peso da docência real, pois na condição de estagiários, os licenciandos não estão sujeitos às pressões administrativas, às exigências institucionais e aos baixos salários.

Parece estar claro, não apenas para os licenciandos que estão terminando sua formação inicial, mas também para pesquisadores e autores que se dedicam às questões sobre formação de professores, que esse profissional não encerra seu percurso formativo quando recebe sua habilitação para o magistério. A fase anterior ao exercício da profissão não consegue resolver todas as questões relevantes para a sua prática pedagógica, uma vez que há aspectos que só serão desenvolvidos a partir da atuação docente (Pinto; Vianna, 2006). A formação inicial é considerada insuficiente para proporcionar todos os elementos necessários a uma prática consistente. "Há uma limitação inerente à própria natureza da formação inicial que nos leva a indagar até que ponto o recém-egresso, a despeito da qualificação outorgada pela universidade seria efetivamente um professor" (Selles, 2000, p. 210).

Não é raro que licenciandos retornem dos estágios perplexos com situações que vivenciaram nas escolas e, de certa maneira, até revoltados, pois os conhecimentos desenvolvidos no curso Superior estavam longe de representar um suporte para enfrentar tais situações. Em seus comentários, indicam considerar que o que aprenderam é inútil ante o que precisam saber fazer em sua profissão. Passam a acreditar que somente a experiência profissional os ensinará e garantirá que adquiram traquejo para resolver os problemas cotidianos e as situações da complexa realidade escolar.

Por sua vez, o início do exercício profissional é a mais completa e intensa experiência de imersão na realidade. O professor inexperiente se vê diante de uma infinidade de situações para as quais deve encontrar solução, tomar decisão ou dar encaminhamento e, com frequência, os conhecimentos desenvolvidos em sua formação inicial pouco lhes ajudam a resolver os problemas mais imediatos. Controlar os mais indisciplinados e manter a atenção dos alunos, administrar adequadamente o tempo disponível em razão das atividades previstas, conseguir que os alunos façam exercícios e tarefas são apenas alguns exemplos de ações próprias da função do professor que não estão diretamente relacionadas a uma disciplina teórica, mas que se aprendem ao longo da experiência docente.

Durante os primeiros anos de profissão, os professores desenvolvem esquemas práticos que orientam suas ações em sala de aula; nessa etapa permanecem as contradições entre suas concepções e a prática docente, assim como suas dificuldades em transpor para a aula os conhecimentos adquiridos durante a formação inicial. Mellado (1998) considera que é necessário oferecer um suporte ao professor iniciante, sem o que ele pode se deixar dominar por estratégias de sobrevivência e de controle que ofereçam sensação de segurança, mas que representam hábitos negativos difíceis de substituir no futuro.

Não é difícil entender que a conjugação desses fatores tenha potencial para desencadear uma posição de ceticismo do professor iniciante. A complexidade dos problemas cotidianos enfrentados na escola e a dificuldade em aplicar os princípios didáticos nas situações reais podem desencadear uma atitude de desprezo em relação aos conhecimentos teóricos que, em certos casos, se mantém ao longo da vida profissional (Porlán; Rivero, 1998).

O desafio é transformar a fase inicial (e as demais também) da prática profissional em mais uma etapa de formação. Na compreensão de muitos autores, a formação dos professores não se esgota, é dinâmica e contínua. Quando o professor ingressa na vida profissional e assume de fato a responsabilidade pelo processo educativo de um grupo de alunos, ele passa a ter contato com o contexto escolar e a viver situações reais que propiciarão uma ambientação com a cultura escolar (Pena; Silveira; Guilardi, 2010).

A formação do professor continua na escola onde se propicia o enfrentamento de situações reais e o estabelecimento de interações. É nessa fase inicial que se dá o "choque de realidade", situação em que ocorre o confronto entre propostas idealizadas e a realidade escolar problemática, permeada por estruturas rígidas, burocráticas e hierárquicas e por relações autoritárias (ibidem).

Aparentemente, é o enfrentamento da realidade e a resolução de questões práticas que mais fortemente marcam o professor como fonte de conhecimento. De fato, as situações práticas próprias do exercício profissional são, no entendimento de muitos autores, o que fundamenta a ação docente. Quando são solicitados a justificar suas ações, os professores apresentam razões de ordem prática, vinculadas a resultados empíricos, a saberes da experiência docente ou a valores da tradição pedagógica (Therrien; Therrien, 2000).

A importância do conhecimento que se constrói nessa experiência é inegável. Contudo, para aceitar e concordar com essa afirmação, não podemos entendê-la a partir de um ponto de vista em que a dimensão prática do conhecimento profissional seja a única dimensão considerada, numa circularidade recorrente e independente da teoria. Para aceitar e concordar com a afirmação acima, é necessário reconhecer que a prática profissional promove experiências diversas e garantir que tais experiências sejam capazes de responder a diferentes hipóteses conceituais, assegurando uma análise crítica (Porlán; Rivero, 1998).

Dessas considerações depreende-se que parte expressiva da formação docente ocorre depois de iniciado seu exercício profissional, alimentando-se das experiências práticas; depreende-se também que, para que o conhecimento profissional se construa com coerência, não pode ser apenas resultado de uma interiorização acrítica da experiência (ibidem).

O que aprendemos por acúmulo de experiência, sem questionamento, muitas vezes está impregnado de senso comum e de pressões culturais ou ideológicas. Se pretendemos que o professor aja com autonomia, é necessário que ele articule os referenciais teóricos construídos e as situações complexas da realidade para interpretar e problematizar sua prática docente.

Conhecendo as condições de trabalho e a jornada mais característica da maioria dos professores que atuam em nosso país, não é difícil prever que os momentos para questionamento e reflexão são raros e solitários. Ações conjuntas podem favorecer esse movimento, especialmente se caracterizadas como formação continuada.

Baseados nas pesquisas que adotam a formação de professores como objeto de investigação, podemos afirmar que a formação continuada é uma necessidade, não apenas como um programa que possa oferecer atualização de conhecimentos, aprofundamento conceitual ou aprimoramento profissional, "mas também como elemento 'decodificador' das práticas vivenciadas no dia a dia da sala de aula" (Selles, 2000, p. 210).

Não podemos deixar de considerar que os avanços nas diferentes áreas do conhecimento forçam a incorporação de conteúdos aos currículos escolares e demandam a atualização dos professores, os quais devem saber não apenas de que se trata, mas, especialmente, de que forma tais conteúdos se inserem na construção conceitual que se espera que os alunos façam.

Ainda no campo da atualização estão as temáticas educacionais contemporâneas, as pesquisas educacionais e a importância de aproximar o professor não apenas de seus resultados, mas de sua dinâmica de investigação, permitindo que ele também se transforme num pesquisador.

Selles (2000), todavia, ao apontar o papel da formação continuada como o de um "decodificador" das práticas vivenciadas em sala de aula, lembra-nos da necessidade de verbalizar e organizar teoricamente o conhecimento que pode ser fruto da experiência profissional, mas que certamente não é espontâneo nem natural. É importante que o professor analise seus pressupostos e questione o pensamento docente de senso comum.

Uma proposta de formação continuada deve ter como objetivo favorecer a evolução do conhecimento segundo uma hipótese de progressão, orientada por um conhecimento de referência que possa subsidiar um modelo didático novo e pessoal (Rodrigues; Krüger; Soares, 2010, p. 418). Para esses autores, a formação de professores

> [...] seria um processo de (re)construção gradual e contínua de seu conhecimento profissional, cuja intencionalidade destina-se à construção de estratégias para a superação dos problemas da prática cotidiana. Esta construção, concebida evolutivamente, deve desenrolar-se em um contexto de explicitação, reflexão e discussão sobre seu conhecimento profissional prévio e seu confronto com novas concepções, para possibilitar mudanças ao mesmo tempo conceituais, metodológicas e atitudinais nos professores.

A formação continuada pode, nesse sentido, ser o momento privilegiado em que se reúnem os ingredientes necessários para que o professor sistematize a construção de seu conhecimento profissional: quadros teóricos ajustam o foco e fazem emergir questões-problema a partir das situações vivenciadas; as interações com colegas e o suporte de formadores fornecem o apoio para avançar nas análises até a elaboração de sínteses pessoais.

Ações de formação continuada que levem essa articulação entre a prática dos professores e as reflexões teóricas promovidas podem se constituir em espaços de discussão nos quais as práticas sejam relatadas, analisadas, compartilhadas e transformadas. Podem ser o espaço para caracterizar as práticas docentes e, assim, contribuir para a caracterização da prática profissional.

Essa discussão e caracterização não avançam, entretanto, a menos que estejam apoiadas em pressupostos teóricos. É o enquadramento teórico que guia nosso olhar e nos faz perceber determinados fatos da realidade como algo observável, algo que pode ser explicado, que tem uma causa, que pode ser investigado, que pode ser questionado. Sem o direcionamento e questionamento teórico permanecemos reféns de percepções intuitivas e de senso comum, e corremos o risco de reforçar práticas estabelecidas apenas por tradição, ou induzidas pela ideologia dominante.

O trabalho colaborativo e as relações entre atividade prática e atividade teórica são aspectos valorizados e muito bem apresentados no trabalho de Moretti e Moura (2011). Com fundamentação histórico-cultural, os autores explicam que a atividade humana, embora envolva a articulação entre atos, é também determinada pela intervenção da consciência. Começa com a idealização de um objeto que se pretende produzir para satisfazer uma necessidade imposta pela relação do homem com a natureza; ao longo da atividade, o homem produz uma nova realidade e produz a si mesmo. Em outras palavras, "o conhecimento se constitui na práxis e é na relação entre atividade prática e atividade teórica que esta se configura" (Moretti; Moura, 2011, p. 439).

Os autores relatam um processo de formação continuada que forneceu dados para uma pesquisa acadêmica. A análise apresentada nos ajuda a perceber a importância do trabalho coletivo:

> Além disso, o produto objetivado na atividade de ensino traz em si as marcas do trabalho colaborativo dos professores, uma vez que foi na construção coletiva para a situação-problema de organizar o ensino, no intuito de favorecer a aprendizagem de estudantes, que o objeto se constituiu. Ao reconhecer o espaço coletivo como espaço de produção de conhecimento sobre o próprio objeto de trabalho, o professor passou a assumi-lo também como importante no processo de aprendizagem dos alunos. Desta forma, o trabalho coletivo de alunos passou a ser entendido, pelos professores, como facilitador não só na busca da solução do problema proposto, mas, também no processo de compreensão sobre o conceito em questão na sala de aula. (ibidem, p. 447.)

Temos percebido, em nossa atuação no campo da formação continuada, como são importantes e valorizadas as situações em que os professores trazem para o grupo um relato de sua prática, quer na forma de uma apresentação oral, quer como um pôster, ou mesmo uma comunicação escrita. Para além das possibilidades de reflexão, tais situações parecem contribuir para que esses profissionais se reconheçam como professores e assumam essa identidade de maneira ampla e digna. Em situações desse tipo, vemos os professores tomarem consciência de sua própria competência, sentirem-se valorizados pelas discussões desencadeadas e, em consequência, encorajados a buscar e defender perspectivas profissionais.

Esse aspecto merece atenção, pois vivemos, há certo tempo, numa sociedade que, de diferentes formas, demonstra desvalorizar a profissão docente. As ações de formação continuada precisam trabalhar no sentido inverso, não apenas propiciando condições de aprimoramento para o professor, mas permitindo que ele reconheça esse aprimoramento e busque, por meio dele, reconhecimento social.

Brando e Caldeira (2009), numa pesquisa sobre identidade de licenciandos, identificam na literatura aspectos relacionados à desvalorização da profissão docente, como a evasão dos mais bem preparados, o fato de ser considerada uma atividade inferior às demais e de receber remuneração, tratamento legal, social e institucional inferior ao de outras profissões. As autoras mencionam que contribuem para a desvalorização da profissão o descaso de políticas sociais voltadas à educação, a arbitrariedade na implementação de reformas educativas, os baixos salários e também a falta de comprometimento das famílias com a educação de seus filhos, o desinteresse e a falta de respeito demonstrados pelos alunos. Lembram, contudo, que a identidade do professor não é dada, mas sim estabelecida nas relações sociais; é na vivência das contradições sociais, culturais, econômicas e políticas que o professor poderá construir sua identidade profissional.

Rodrigues, Krüger e Soares (2010), também preocupados com as insatisfações desses profissionais, reconhecem a necessidade de formação continuada e a importância de envolver professores e formadores em processos de aprendizagem mútua a partir do reconhecimento de suas culturas profissionais enquanto saberes relevantes. Para esses autores, os professores constituem saberes profissionais a partir da integração de distintos tipos de saberes e os processos formativos se concebem a partir de uma perspectiva construtivista do conhecimento.

A questão da aprendizagem mútua é também apontada por Selles (2000, p. 213), que reconhece uma via de mão dupla:

> [...] não apenas o conhecimento acadêmico tem a contribuir aos professores, como, igualmente, a vivência oriunda do trabalho diário na escola fornece importante contribuição a ser explorada teoricamente. Proporciona-se um intercâmbio em que os parceiros precisam refletir sobre seus diferentes saberes. Neste sentido, surgem variadas oportunidades de interlocução que são particularmente enriquecedoras para todos os envolvidos.

As ações de formação continuada cobrem um amplo espectro em termos de modalidades, o que torna bastante difícil ordená-las em grupos ou categorias. Muitos profissionais as buscam por iniciativa própria, arcam com os recursos para custeá-las e dedicam-lhes tempo fora da jornada de trabalho. Em outras situações, são redes de ensino que promovem as ações que, nesse caso, procuram atender a demandas específicas identificadas por seus dirigentes.

Em nossa atuação na universidade pública, temos visto e participado com mais frequência de ações promovidas por órgãos públicos de âmbitos municipais ou estaduais. Na forma de cursos de curta duração, de seminários, de assessorias, ou cursos de pós-graduação *latu sensu*, as redes de ensino traçam as características das ações que pretendem oferecer aos seus professores com o propósito de atender diferentes tipos de objetivos e necessidades.

A demanda por tais ações tem-se organizado, de modo geral, por segmento (Educação Infantil, Educação de Jovens e Adultos, Educação Inclusiva etc.) ou por componente curricular (Matemática, Língua Portuguesa, História, Geografia etc.). E, com frequência, o que se espera é que a formação oferecida contemple vários aspectos, entre os quais as relações com os conteúdos disciplinares, com o ensino e com a aprendizagem dos alunos (Arruda; Lima; Passos, 2011).

A adesão dos professores a esses programas promovidos pelas administrações públicas é uma questão crítica e que deve ser cuidadosamente analisada. A participação voluntária é importante para que não se transforme em encargo obrigatório, cumprido apenas burocraticamente. Porém, sem a liberação de horário ou suporte financeiro, a participação do professor pode ser inviabilizada. A dispensa do professor, por seu turno, representa a possibilidade de um transtorno para a organização da escola, que deixará os alunos sem aula, caso não haja substituto.

Em boa parte das vezes, o que mobiliza o professor a se engajar num programa de formação continuada, a despeito de sua intensa jornada de trabalho e de outras dificuldades, é um genuíno desejo de aperfeiçoamento e atualização profissional. Segundo Mellado (1998, p. 43):

> O ensino primário e secundário é um trabalho duro e difícil para os docentes. Apesar do cansaço causado pela jornada de trabalho, muitos participam voluntariamente de atividades de formação com inegável interesse por melhorar seus conhecimentos profissionais (tradução nossa).

É importante e justo que esse movimento tenha contrapartidas salariais e sociais. A certificação ou titulação pode, simultaneamente, significar o reconhecimento social e promover uma progressão na carreira. O crescimento profissional de cada professor pode parecer uma conquista individual, mas, do ponto de vista das redes de ensino, é o que pode garantir a melhoria do ensino oferecido aos alunos.

Mais do que ações pontuais, promovidas para atender a demandas emergenciais ou problemas específicos, devemos caminhar para uma situação em que a formação continuada seja oferecida de maneira regular e se incorpore à rotina dos professores das escolas e das redes de ensino.

REFERÊNCIAS

ARRUDA, S. M.; LIMA, J. P. C.; PASSOS, M. M. Um novo instrumento para a análise da ação do professor em sala de aula. **Revista Brasileira de Pesquisa em Educação em Ciências**, v. 11, n. 2, 2011.

BRANDO, F. R.; CALDEIRA, A. M. A. Investigação sobre a identidade profissional em alunos de licenciatura em ciências biológicas. **Ciência & Educação**, v. 15, n. 1, p. 155-173, 2009.

MELLADO, V. El estudio de aula en la formación continua del profesorado de ciencias. **Alambique-Didáctica de las Ciencias Experimentales**, n. 15, p. 39-46, 1998.

MONTEIRO, A. M. A prática de ensino e a produção de saberes da escola. In: CANDAU, V. M. **Didática, currículo e saberes escolares**. Rio de Janeiro: DP&A, 2000.

MORETTI, V. D.; MOURA, M. O. Professores de matemática em atividades de ensino: contribuições da perspectiva histórico-cultural para a formação docente. **Ciência & Educação**, v. 17, n. 2, p. 435-450, 2011.

PENA, G. B. O.; SILVEIRA, H. E.; GUILARDI, S. A dimensão institucional no processo de socialização de professores em início de carreira. **Revista Brasileira de Pesquisa em Educação em Ciências**, v. 10, n. 2, 2010.

PINTO, S. P.; VIANNA, D. M. Atuando na sala de aula após a reflexão sobre uma oficina de astronomia. **Revista Brasileira de Pesquisa em Educação em Ciências**, v. 1, n. 6, p. 73-90, 2006.

PORLÁN, R.; RIVERO, A. **El conocimiento de los profesores**. Sevilla: Díada, 1998.

RODRIGUES, C. G.; KRÜGER, V.; SOARES, A. C. Uma hipótese curricular para a formação continuada de professores de ciências e matemática. **Ciência & Educação**, v. 16, n. 2, p. 415-426, 2010.

SELLES, S. E. Formação continuada e desenvolvimento profissional de professores de ciências. **Ensaio – Pesquisa em Educação em Ciências**, v. 2, n. 2, p. 209-229, 2000.

TARDIF, M. Os professores enquanto sujeitos do conhecimento: subjetividade, prática, e saberes no magistério. In: CANDAU, V. M. **Didática, currículo e saberes escolares**. Rio de Janeiro: DP&A, 2000.

THERRIEN, J.; THERRIEN, A. S. A racionalidade prática dos saberes da gestão pedagógica da sala de aula. In: CANDAU, V. M. **Cultura, linguagem e subjetividade no ensinar e aprender**. Rio de Janeiro: DP&A, 2000.

capítulo 3
❖
*Alunos, professores
e alunos novamente:
formação continuada
e relações pedagógicas*

PAULA PERIN VICENTINI[1]

DENICE BARBARA CATANI[2]

> [...] é difícil dizer se o que exerceu mais influência sobre nós e teve importância maior foi a nossa preocupação pelas ciências que nos eram ensinadas, ou pela personalidade de nossos mestres. [...] Nós os cortejávamos ou lhes virávamos as costas; imaginávamos neles simpatias que provavelmente não existiam; estudávamos seus caráteres e sobre estes formávamos ou deformávamos os nossos. Eles provocavam nossa mais enérgica oposição e forçavam-nos a uma submissão completa; bisbilhotávamos suas pequenas fraquezas e orgulhávamo-nos de sua excelência, seu conhecimento e sua justiça. No fundo, sentíamos grande afeição por eles, se nos davam algum fundamento para ela [...]. Mas não se pode negar que nossa posição em relação a eles era notável, uma posição que bem pode ter tido suas inconveniências para os interessados. Estávamos, desde o princípio, igualmente inclinados a amá-los e a odiá-los, a criticá-los e a respeitá-los.
>
> Sigmund Freud (1996, p. 248).

---

1 Graduada em Pedagogia pela USP (1993), Mestre (1997) e Doutora (2002) em Educação pela mesma instituição. Professora do Departamento de Metodologia do Ensino e Educação Comparada da Faculdade de Educação da USP, desde 2003. Tem estudos na área de Educação sobre a história da profissão docente no Brasil e formação de professores. E-mail: paulavicentini@yahoo.com.br
2 Professora titular da Faculdade de Educação da USP. Pedagoga, Mestre, Doutora e Livre-Docente pela mesma instituição. Pesquisadora de temas ligados à História da Educação, Profissão Docente e Formação de Professores. Exerceu os cargos de Chefe do Departamento de Metodologia do Ensino e Educação Comparada e de Coordenadora do Programa de Pós-Graduação em Educação da Feusp. E-mail: dbcat@usp.br

> Acaba de me ser feita uma grande honra que não busquei, nem solicitei. Mas quando eu soube da novidade, meu primeiro pensamento, depois de minha mãe, foi para você. Sem você, sem essa mão afetuosa que você estendeu ao menino pobre que eu era, sem seu ensino, sem seu exemplo, nada disso teria acontecido. Eu não faço questão dessa espécie de honra. Mas essa é ao menos uma ocasião para dizer-lhe o que você foi e é sempre para mim, e para assegurar-lhe que os seus esforços, o seu trabalho e o coração generoso que você coloca em tudo o que faz, sempre de maneira viva com relação a um de seus pequenos discípulos que, não obstante a idade, não cessou jamais de ser seu aluno reconhecido. (Camus, 1994, p. 307, em carta ao seu professor primário, M. Germain.)

O que pode significar para professores já atuantes retornar à condição de alunos num processo de formação continuada? A compreensão dos sentidos da relação pedagógica – muitas vezes marcados pela ambiguidade – modifica-se com a alternância de papéis que o curso de especialização provoca? Ainda que não diga respeito ao universo educacional, a peça *Ciranda* – de Célia Forte, direção de José Possi Neto e que esteve em cartaz em São Paulo entre 2011 e 2012 – constitui um ponto de partida extremamente fecundo para refletir sobre essas questões, de vez que a inversão de papéis é um dos seus principais trunfos dramáticos. A peça gira em torno dos conflitos de três gerações de mulheres de uma mesma família, vivenciadas por duas atrizes: Tania Bondezan e Daniela Galli, de maneira que a mãe se transforma em filha e esta, por sua vez, em mãe e em filha novamente. A autora, no programa do espetáculo, ressalta justamente a potencialidade dessa alternância:

> Escrevi *Ciranda* num ímpeto, assim que convivi com algumas mulheres que acreditavam tanto no poder que tinham. "Poder. O que é poder para você, minha filha?" E a filha sem responder começou a repudiar as escolhas da mãe e a mãe se aproximou da neta, que queria ser completamente diferente da mãe e nessa ciranda sobram só essas três mulheres ou duas de cada vez, repensando as suas convicções... (*Ciranda*, programa da peça, 2011)

A troca de papéis experimentada por essas mulheres e as transformações decorrentes da passagem do tempo permitem constituir um olhar mais compreensivo em relação ao outro e às posições tomadas em diferentes momentos da vida, pois as personagens alteram a maneira pela qual veem umas às outras, as suas atitudes e opções, reveem seus valores, colocam em xeque suas escolhas, e, num dos casos, modificam completamente o seu estilo de vida, mostrando uma visão cheia de nuances acerca das apostas que constituem a trajetória de cada indivíduo e as relações que as marcaram. Ainda no programa da peça, Daniela Galli – a atriz que interpreta primeiramente a filha, e depois a neta – também chama a atenção para a importância desse aspecto da trama:

> *Ciranda* inspira compaixão. A trajetória de suas personagens expõe a transitoriedade e a relatividade da vida. Nada é absoluto. [...] *Ciranda* me permite viver um movimento de gerações sob óticas diferentes: o que defendo na primeira parte é o que critico na segunda. Esse exercício de inversão me afirma que somos mais semelhantes do que díspares [...]. E se não o percebemos de início, o tempo se encarrega de nos quebrar e nos oferecer a possibilidade de reinvenção. (ibidem.)

Quando os professores passam por um processo de educação continuada podem experimentar algo semelhante ao que as atrizes vivenciaram nessa peça, pois retornam à condição de alunos continuando a exercer a docência, tendo, assim, a oportunidade de transitar pelos dois polos da relação pedagógica. Comportamentos de outrora podem ser simplesmente revividos ou questionados e, quem sabe, mais bem compreendidos, gerando, até mesmo, outra percepção das atitudes de seus alunos. A possibilidade de vivenciar essa alternância de papéis constitui um aspecto nuclear no processo de formação continuada de professores, permitindo que eles alterem a maneira pela qual veem as práticas desenvolvidas em sala de aula, as interações que se dão nesse espaço com os alunos e com os colegas de trabalho. Soma-se a isso, evidentemente, a função desempenhada pelos conhecimentos apresentados no curso e pelas atividades propostas, que contribuem para desencadear uma reflexão acerca da sua trajetória de formação e do seu percurso profissional no exercício do magistério, favorecendo, assim, um "mover--se numa perspectiva diferenciada", tal como pretendia Peters (1979, p. 101-30) ao definir a "educação como iniciação". Tal reflexão desenvolve-se, nos cursos de especialização implementados por nós desde 2002,[3] com base na produção de relatos autobiográficos que propicia aos sujeitos a oportunidade de construir uma narrativa a respeito de si mesmos, tomando eixos específicos como referência, tais como: o início da vida escolar, a entrada na profissão, os professores marcantes.

A elaboração dos relatos autobiográficos desempenha um papel nuclear nesses cursos e inicia-se com uma discussão teórica acerca das questões características dos "trabalhos da memória"[4] e do seu significado para a formação docente, incluindo, ainda, uma reflexão sobre o processo de profissionalização da categoria (Nóvoa, 1991, 1996), com o intuito de redimensionar as tentativas de compreender as ações dos professores em sala de aula numa perspectiva mais ampla. A partir de uma análise sócio-histórica da profissão, procura-se mostrar como as diversas dimensões que envolvem o exercício da docência devem ser consideradas de modo articulado para se entender como os professores realizam o seu trabalho diariamente e as representações que produzem a respeito de si próprios. Com isso, busca-se favorecer a articulação entre as vivências – relativas não só à sua trajetória escolar e universitária, mas também profissional – e os estudos produzidos no âmbito da sociologia, da filosofia, da psicologia e da história da educação, incorporando, ainda, a contribuição das manifestações artísticas, em especial da literatura e do cinema, para se compreender os fenômenos educacionais. A inclusão dessa atenção para com as possibilidades artísticas de representação da experiência humana comparece, assim, numa proposta de educação de professores,

---

3 Além do curso de especialização para os professores da prefeitura de São Bernardo do Campo, convém mencionar os que foram oferecidos para os municípios de Santo André e Guarulhos, respectivamente nos anos de 2002-2004 e de 2007-2008, mediante convênio com a Fundação de Apoio à Faculdade de Educação da USP (FAFE). Sobre a experiência desenvolvida na cidade de Santo André, ver o livro organizado por nós com os trabalhos realizados pelas alunas (Catani & Vicentini, 2006).
4 Toma-se de empréstimo e se utiliza com um sentido aproximado ao da expressão que deu título à arguição feita por Marilena Chauí à tese de Livre-docência de Ecléa Bosi e que figura como apresentação de seu livro: *Memória e Sociedade: lembranças de velhos* (1994).

justamente para dar conta de situar o reconhecimento da educação como uma via de construção dos sujeitos. As multiplicidades que organizam tais construções são, assim, articuladas a partir da tematização da própria história de cada um e ganham sentido coletivo/social quando a questão passa a ser o confronto de si próprio (professor) com o outro (aluno) no quadro das promessas que todo processo formativo deve guardar e tentar concretizar.

Numa tentativa de ampliar a compreensão existente sobre as potencialidades desse tipo de iniciativa, pretende-se tomar como eixo da análise apresentada aqui as marcas produzidas em decorrência das relações constituídas em sala de aula. A alusão ao texto de Freud (1996), que abre este ensaio, faz-se na esperança de tornar presente a complexidade das relações que se estabelecem na situação de ensino, mas apanha a questão num excerto, no qual o pai da psicanálise fala da sua própria experiência escolar, do mesmo modo que o faz Camus (1994) na carta ao seu professor primário, que convenceu a sua avó, de origem humilde e bastante pobre, a deixá-lo prosseguir nos seus estudos e ajudou-o a ingressar na escola secundária. Tais lembranças constam no livro autobiográfico *O primeiro homem*, publicado após a morte do autor, em que se encontra também a carta (da qual foi extraído o trecho utilizado como epígrafe por nós), que Camus enviou a esse professor para expressar a sua gratidão, após ter recebido o Prêmio Nobel. Há outras obras literárias que evidenciam a importância da relação pedagógica para o processo de constituição do sujeito, a formação de sua autoimagem e os seus vínculos com o conhecimento, envolvendo tanto os relatos extremamente positivos acerca da figura do professor quanto os que procuram "apagar" as marcas deixadas por um mestre repressor ou indiferente. Assim, o capítulo que Graciliano Ramos (1986) dedica, em sua autobiografia *Infância*, a Dona Maria – a professora que finalmente conseguiu alfabetizá-lo após algumas tentativas malsucedidas, para não dizer traumáticas – mostra como a confiança que ela depositou nele foi fundamental para que ele passasse ao primeiro livro – escrito pelo Barão de Macaúbas –, que lhe causou tanta estranheza, mas que, em casa, fez que lhe chegassem alguns "retalhos de felicidade", pois seus pais deixaram de considerá-lo "incapaz". Na mesma obra, o autor recorda-se igualmente de outros professores, traçando um quadro assustador das escolas isoladas nordestinas que frequentou entre o fim do século XIX e o início do século passado, nas quais imperavam os castigos físicos, a humilhação diante dos colegas e a letargia.

A força do vínculo, a intensidade das marcas e lembranças e a experiência de oscilação entre sentimentos opostos permeiam as recordações-testemunhos. Trazer as recordações-testemunhos de Freud (1996) e de Camus (1994) abre caminho para se pensar a situação dos professores que, ao se tornarem alunos novamente, nos processos de formação contínua (por exemplo), são convidados a reconstituir as suas experiências de relações com os professores em sua trajetória de escolarização. Tornar-se novamente aluno e tematizar a própria história permite fazer incidir a atenção sobre muitos aspectos relacionais presentes na vida escolar. Sem a pretensão de nos aprofundar no pensamento do pai da psicanálise acerca da educação,[5] optamos aqui por apenas retomar suas considerações no texto produzido em comemoração ao cinquentenário do colégio onde ele estudou, em Viena, dos nove aos dezessete anos (1865-1873), intitulado "Algumas reflexões sobre a psicologia do escolar".[6] Nele, Freud (1996, p. 247) recorda-se da emoção de reencontrar um antigo mestre na rua e fala do espanto que isso lhe causara: "Como parece jovem! E como estamos velhos! Que idade poderá ter hoje? Será possível que os homens que costumavam representar para nós protótipos de adultos, sejam realmente tão pouco mais velhos do que nós?". Ele prossegue falando da influência que os professores exercem sobre nós não só com relação ao conhecimento, mas também quanto aos sentimentos, notadamente marcados pela ambivalência, tal como fica explícito no excerto que inicia este texto, e que é definida pela psicanálise como "essa facilidade para atitudes contraditórias", cuja origem

---

[5] Sobre os sentidos da educação para Freud muito já se disse e análises claras e potentes foram recentemente disponibilizadas por diversos especialistas, na nova edição da *Revista Educação*, no número 1 de sua série Especial Biblioteca do Professor: *Freud pensa a Educação*. Os limites e a fertilidade do pensamento freudiano no que tange à educação são aí exemplarmente apresentados.

[6] Gostaríamos de agradecer ao Professor Leandro de Lajonquière pela indicação desse texto, assim como pela sugestão de possíveis aproximações com o conto de Lygia Fagundes Telles, comentado a seguir.

se deve às reações emocionais que marcam os nossos primeiros anos de vida e que têm enorme influência na "natureza e na qualidade das relações da criança com as pessoas do seu próprio sexo e do sexo oposto" (ibidem, p. 248). As relações desenvolvidas, nesse período, com os pais e irmãos acabam por constituir uma "espécie de herança emocional", destacando-se, no caso do jovem, o vínculo estabelecido com o pai, que sofre uma grande transformação na segunda metade da infância, quando ele "descobre que o pai não é o mais poderoso, sábio e rico dos seres; [...] aprende a criticá-lo, a avaliar o seu lugar na sociedade" (ibidem, p. 248) e é justamente nessa fase que ele entra em contato com os professores:

> Estes homens, nem todos pais na realidade, tornaram-se nossos pais substitutos. Foi por isso que, embora ainda bastante jovens, impressionaram-nos como tão maduros e tão inatingivelmente adultos. Transferimos para eles o respeito e as expectativas ligadas ao pai onisciente de nossa infância e depois começamos a tratá-los como tratávamos nossos pais em casa. Confrontamo-los com a ambivalência que tínhamos adquirido em nossas próprias famílias, e ajudados por ela, lutamos como tínhamos o hábito de lutar com nossos pais de carne e osso. (ibidem, p. 249-250.)

Em contraposição às lembranças extremamente positivas de Camus (1994) e de Freud (1996) a respeito de seus professores, a descrição feita por Lygia Fagundes Telles (1995), no conto intitulado "Papoulas em feltro negro", acerca de Dona Elzira – professora da personagem principal – é carregada de aspectos negativos que revelam o caráter opressor e autoritário da antiga mestra:

> Nem gorda nem magra. Nem alta nem baixa, a trança escura dando uma volta no alto da cabeça com a altivez de uma coroa. A voz forte, pesada. A cara redonda, branca de talco. Saia preta e blusa branca com babadinhos. Meias grossas cor-de-carne, sapatões fechados, de amarrar. Impressionantes eram aqueles olhos que podiam diminuir e de repente aumentar, nunca tinha visto

> olhos iguais. Na sala de aula atochada de meninas que eram chamadas pelo número de inscrição, era a mim que ela procurava. A sessenta e sete não veio hoje? Estou aqui, eu gemia nesse fundo da sala com a frouxa fieira das atrasadas, das repetentes, enfim, a escória. Vamos pega o giz e resolva aí esse problema. O giz eu pegava, o toco de giz que ficava rodando entre os dedos suados, o olhar perdido nos números do quadro-negro da minha negra humilhação. Certa manhã a classe inteira se torceu de rir diante da dementada avalanche dos meus cálculos, mas dona Elzira continuou impassível, acompanhando com o olho diminuído o meu miserável raciocínio. (Telles, 1995, p. 121-122.)[7]

Essas lembranças surgem quando a narradora — já adulta — recebe o convite para um chá em homenagem a uma antiga professora que estava bastante doente. O peso dessas lembranças é evidente: "até na hora da morte essa dona Elzira se amarrava no poder, ficou uma viva-morta invadindo os outros" (ibidem, p. 125).[8] O passado vem à tona — no dizer da autora, "de repente me vi repartida em duas, eu e a menina antiga com ar de sonâmbula, estendendo a mão para pegar o giz" (ibidem, p. 129)[9] — e os sentimentos que haviam marcado a sua vida escolar ganham expressão na sua narrativa: a vergonha diante do quadro-negro por não conseguir resolver os exercícios, a frustração por não participar das apresentações na escola, declamando poesias e encenando peças teatrais.

Ao reencontrá-la tanto tempo depois, a narradora espanta-se com a sua altura: "Que estivesse velha, isso eu esperava, mas assim tão diminuída? Encolheu demais ou eu a imaginara bem maior lá na sala de aula?" (ibidem, p. 128).[10] Dona Elzira a detestava e a perseguia: isso era muito nítido em sua memória, entretanto agora a professora dizia que ela era sua aluna predileta e também a que mais lhe preocupava, pois mentia muito, deixando-a bastante receosa quanto à sua formação moral e ao seu futuro. A ex-aluna aproveita o reencontro para uma espécie de

---

7, 8, 9 e 10 PAPOULAS EM FELTRO NEGRO — In: A Noite Escura e Mais Eu, de Lygia Fagundes Telles, Companhia das Letras. © by Lygia Fagundes Telles.

acerto de contas e pergunta por que Dona Elzira nunca havia permitido que ela participasse das apresentações na escola, o seu principal ressentimento:

> o que eu mais queria no mundo era fazer parte daquelas festinhas na escola, eu não sabia fazer contas, não sabia desenhar mas sabia tão bem todas aquelas poesias das Páginas Floridas, decorei tudo, quis tanto subir ao menos uma vez naquele palco. A senhora que me conhecia tão bem sabia dessa minha vontade de vestir aquelas fantasias de papel crepom, o que custava? Por que me recusou? (ibidem, p. 134.)[11]

A resposta a deixa ainda mais surpresa: "– Mas você gaguejava demais, filha. E não se dava conta da gagueira, insistia. Eu queria apenas protegê-la de alguma caçoada, de algum vexame, você sabe como as crianças podem ser cruéis" (ibidem, p. 133-134).[12] O texto encerra-se com uma metáfora: a ex-aluna – atordoada com a revelação que modificou a imagem que tinha da professora e que inverteu completamente "os papéis, o executado virava o executor" – tenta ver (a distância) o rosto de dona Elzira, mas não consegue impedida pela aba do chapéu de feltro que dá título ao conto: "Papoulas em feltro negro".

A inversão de papéis que marca o desenrolar da narrativa anteriormente resumida pode nos remeter ao prefácio da obra de Pierre Bourdieu (2003, p. 11), *A miséria do mundo*, no qual ele defende a importância de se confrontar diferentes pontos de vista:

> [...] tal como eles o são na realidade, não para os relativizar, [...] mas [...] para fazer aparecer, pelo simples efeito da justaposição, o que resulta do confronto de visões de mundo diferentes ou antagônicas: isto é, em certos casos, o trágico nasce do confronto sem concessão nem compromisso possível de pontos de vista incompatíveis, porque igualmente fundados em razão social.

11, 12   PAPOULAS EM FELTRO NEGRO -- In: A Noite Escura e Mais Eu, de Lygia Fagundes Telles, Companhia das Letras. © by Lygia Fagundes Telles.

Ainda que o sociólogo francês esteja se referindo aos lugares marcados por diferentes formas de sofrimento social, as suas observações são bastante pertinentes para se compreender a relação pedagógica em sua complexidade, evitando, assim, visões maniqueístas ou extremamente idealizadas, numa tentativa de substituir "as imagens simplistas e unilaterais [...] por uma representação complexa e múltipla, [...] e, à maneira de romancistas como Faulkner, Joyce ou Virginia Woolf, abandonar o ponto de vista único, central, dominante, [...] quase divino" (Bourdieu, 1996, p. 11). E poderíamos falar do espaço das relações pedagógicas como um espaço potencial de pontos de vista que com a passagem do tempo e o amadurecimento dos alunos permite alternâncias, espelhamentos e refrações. A esse propósito, também parece oportuno falar das relações que se estabelecem em sala de aula, tomando como referência o texto de Carlos Rodrigues Brandão (1994) – sugestivamente intitulado "A turma de trás" – no qual o autor procura caracterizá-la como um espaço múltiplo, marcado pela oposição entre a "mesa do professor" e o "lugar coletivo dos alunos", "cúmplices e rivais", em que identidades são produzidas e papéis são internalizados. Nessa perspectiva, Brandão (1994, p. 118) discute os significados de se pertencer à "turma de trás", à "zona neutra das carteiras do meio" e aos alunos da frente "que privam da intimidade do professor" e estende a sua análise aos professores, categorizados de acordo com as diferentes

> [...] formas de interação com os diversos tipos de alunos, [que] tornavam o rito das aulas uma coleção repetida de situações pouco variantes. [...] Havia as aulas chatas e severas; as severas, mas interessantes, as livres e chatas; as livres e interessantes; as intoleráveis e as de franca bagunça. É evidente que a composição dos termos dependia de mais fatores do que a pura e simples "personalidade" do professor, ou da qualidade afetiva de suas relações como o corpo de alunos. (ibidem, p. 118.)

As observações feitas pelo autor acerca dos diferentes tipos de professores tornam possível uma aproximação com a forma pela qual Elias Canetti (1987) – no primeiro volume de sua autobiografia: *A língua absolvida* – recorda, com grande satisfação, a diversidade de professores que fizeram parte de sua formação.

O autor considera fundamental ter tido, ao longo de sua trajetória escolar, professores com vários "estilos" de apresentar o conhecimento e de se relacionar com os alunos: o metódico que expunha o conteúdo de suas aulas seguindo uma linha de raciocínio de forma absolutamente linear e organizada, sem se perder; o quase anárquico que, em suas aulas, não se negava a trilhar atalhos, a dar volteios em sua exposição; o jovem, mais próximo dos alunos; os mais austeros, só para citar alguns exemplos. Diferentes formas de conduzir as aulas, de se relacionar com o conhecimento, de encarar os alunos e de conceber o próprio papel como professor. Tal diversidade nos permite não só conviver melhor com as diferenças, mas também nos situar perante os outros ao mesmo tempo que constituímos a nossa identidade.

Esse tipo de constatação reitera a importância de se considerar o caráter triádico da relação pedagógica, tal como defende Carlos Eduardo Guimarães (1982, p. 33), para quem:

> [...] o ensino centrado na criança, o ensino que atende às exigências dos alunos, o ensino preocupado em motivar, em despertar o interesse, em aliviar o peso da aula, em tudo facilitar, esse ensino acabou por não atender às exigências da matéria, chegando mesmo ao seu desprezo.

O autor prossegue falando da importância da disciplina como a "observância de métodos, regras ou preceitos" em decorrência de "uma estrutura objetiva", de modo a promover "o ajustamento da subjetividade ao que é objetivo" (ibidem, p. 34). Tomando como referência a disciplina do artista, Guimarães chama a atenção para o fato de a lição da arte ser justamente a "existência de um processo educativo através da experiência de resistência do objeto, experiência que vai propiciar o surgimento de uma consciência adaptada à estrutura objetiva, condição para um agir livre com relação ao próprio objeto" (ibidem, p. 36). Ao privilegiar a matéria como nuclear no estabelecimento da relação pedagógica, o autor acaba por alertar para os riscos de uma concepção calcada apenas no caráter afetivo do vínculo professor-aluno, tal como pode constatar Guido de Almeida (1996) no seu trabalho sugestivamente intitulado *O professor que não ensina*. Ao examinar as redações produzidas por professores do antigo Segundo Grau no âmbito de um concurso para a rede de ensino de Minas Gerais, o autor observou que, ao falarem a respeito da sua função na sociedade, sobressaiu-se a preocupação em exaltar o papel de conselheiro em contraposição à ausência de qualquer referência ao compromisso do ensino com o conhecimento.

Em contraposição a essa visão praticamente deturpada do caráter afetivo da relação pedagógica, o texto de George Noblit (1995) acerca da atuação de Pam – nome atribuído à professora junto à qual ele desenvolveu sua pesquisa – sugere uma perspectiva bem mais fecunda para se considerar esse aspecto da docência. "Vocês me amarão mais depois que me deixarem": com essa frase, Pam procura sintetizar a natureza da relação que estabelece com seus alunos, reconhecendo não só a dimensão afetiva que a caracteriza, mas também chamando a atenção para o fato de que, com o decorrer do tempo, eles terão mais condições de avaliá-la. Ao observar as aulas de Pam, George Noblit (1995) vislumbrou uma nova forma de considerar o poder – até então visto unicamente sob a óptica da opressão. O autor, seguindo a perspectiva de Foucault, vinculava o poder ao conhecimento na geração de táticas e estratégias que constituíam mecanismos de repressão. A atuação de Pam mostrou-lhe a possibilidade do uso ético do poder em sala de aula, que se traduzia em autoridade moral, socialmente reconhecida, articulando-se, desse modo, à noção de desvelo. O poder, nesse caso, serve para promover o outro sujeito e não para submetê-lo à condição de objeto; a classe é uma coletividade, pela qual todos são responsáveis, e sua continuidade era assegurada por Pam. Nesse sentido, Noblit (1995) chama a atenção para as rotinas coletivas que faziam parte de suas aulas, configurando verdadeiros rituais, cujas regras eram do conhecimento de todos e deviam ser igualmente cumpridas por todos. No dia a dia das aulas, Pam não deixava de mostrar o seu senso humanitário e de humor, poupando os alunos que erravam da humilhação ou do riso dos colegas, procurando assegurar que todos participassem de tudo. No dizer de Noblit (1995), na classe de Pam, a inépcia não fazia ninguém perder a sua responsabilidade. Além disso, ela não deixava de incentivar os seus alunos, mostrando o orgulho que sentia deles. Tais aspectos da prática de Pam aproximam-se dos que são apontados por Lúcia Moysés (1994) como característicos de professoras bem-sucedidas de escolas públicas do Rio de Janeiro, cuja atuação em sala de aula e o discurso foram objeto de sua pesquisa, publicada sob o título *O desafio de saber ensinar*. A autora entrevistou e observou as aulas de dez professoras, cujas condições de trabalho estão longe de ser ideais, selecionadas tendo em vista o desempenho de seus alunos, a opinião existente sobre elas na escola em que trabalhavam e as declarações feitas à pesquisa, numa conversa preliminar. Lúcia Moysés (1994) destaca a organização das atividades em sala de aula, no sentido de criar uma rotina e de estabelecer regras que todos conheciam e deveriam cumprir, a preocupação em não permitir a ridicularização dos alunos que erravam, a valorização do conhecimento dos alunos, o incentivo à cooperação, à participação e aos avanços de cada um.

Em contraste com a análise de George Noblit (1995), em que o poder em sala de aula é visto como uma forma de autoridade moral, o artigo de Bohoslavsky (1991) chama a atenção para o risco de a relação pedagógica tornar-se uma relação de submissão e opressão, numa análise bastante crítica sobre a psicopatologia do vínculo professor-aluno. Referindo-se, inclusive, ao ensino universitário, o autor critica duramente o fato de as escolas formarem verdadeiros "escravos" que aprenderam de maneira bastante eficaz a obedecer, a cumprir ordens. Bohoslavsky (1991) concentra-se em fatos muitas vezes corriqueiros do cotidiano escolar, mas sobre os quais a literatura educacional, em geral, silencia. Nesse sentido, o autor afirma que "o professor tem a faca e o queijo nas mãos" e tende a transformar o vínculo pedagógico em uma relação de submissão. Bohoslavsky (1991) não para por aí e afirma que o maior desafio dos alunos nos exames é o de ocultar do professor o que não sabem, da mesma maneira que o professor, quando dá aula, esforça-se para mostrar toda a sua sabedoria e ocultar o que ignora. Assim, a consequência mais nefasta do ensino que se concretiza nesses moldes é a relação que se estabelece com o conhecimento, pois esse é apresentado pelo professor aos alunos de modo tal que parece uma meta inatingível, de vez que se fundamenta num "modelo parcial e supostamente onisciente" (ibidem, p. 335). Bohoslavsky critica, por outro lado, a tentativa ingênua de negar a autoridade em sala de aula – em seu dizer, "a ficção de um não poder" (ibidem) –, defendendo que os professores recordem vigorosamente o vínculo de dependência inerente à relação pedagógica, de modo a modificar o seu significado.

Impossível encerrar este texto sem evocar a advertência de Marilena Chaui (1980) quanto aos riscos de o professor ceder à tentação de tornar-se um guru para os seus alunos, aprisionando-os para sempre nessa condição e impedindo que a relação pedagógica se transforme, deixando de ser assimétrica para se desenvolver em pé de igualdade. Ciente dos riscos dessa tentação, Chaui, não por acaso, lança mão de uma imagem de professor que ela própria define como "utópico" (não impossível) – e, portanto, fugaz, que pode existir e também desaparecer. Trata-se de um professor que não possui modelos "porque aceitou a contingência radical da experiência pedagógica" (Chaui, 1980, p. 38), razão pela qual procura fazer que o aluno se relacione com o pensamento e a cultura (e não com ele), de modo a superar a sua condição de discípulo, criando, assim, a possibilidade de haver um diálogo efetivo entre eles. Talvez por ter uma compreensão semelhante do seu papel como professora, Pam afirmasse com tanta certeza que os seus alunos iriam amá-la ainda mais depois que a deixassem e, ao ter sua atuação observada por Noblit (1995), acabou por provocar uma mudança substantiva na forma como ele via o poder na sala de aula.

Mudanças de outra natureza ocorrem quando se confrontam diferentes pontos de vista, quer sejam motivados por reencontros marcados por uma passagem significativa do tempo, quer pela alternância de posições possibilitada aos professores na situação de educação continuada em que retornam à condição de aluno, sem deixarem de atuar como docentes. Gigantes de outrora encolhem e aproximam-se de nós na estatura e na passagem do tempo; o imenso poder de que dispunham no passado desaparece diante da vulnerabilidade vislumbrada no presente ou assume novos contornos, ainda mais legítimos, por manter a admiração que gozaram em tempos mais remotos em razão da alegria que experimentam ao ver os frutos de sua capacidade de ter propiciado aos seus ex-discípulos as condições para se emanciparem dessa posição, tornando-se um igual. Papéis invertem-se, perspectivas alteram-se: a professora austera mostra-se profundamente preocupada com a formação moral e a exposição da aluna acometida pela gagueira e dada a mentiras; esta, por sua vez, desconhecia suas próprias limitações e o fato de que a professora era movida pela tentativa de protegê-la. Podemos, assim, pensar que as alusões metafóricas e as construções da memória, ao incidirem sobre a formação e as relações pedagógicas, nos falam, exemplarmente, de espaços relacionais cuja compreensão exige fundar-se numa espécie de perspectivismo, como aquele suposto por Bourdieu (2003) para o entendimento da miséria do mundo. Ou como aquele que se projeta para fora das obras literárias, lembrando-nos de que as relações sociais ali delineadas instituem um espaço de pontos de vista. O mesmo autor falava a esse respeito ao examinar a produção e circulação de *As regras da arte* na literatura francesa (Bourdieu, 1996). Na vida de cada um de nós, o ponto de vista do autor é o aprendizado que não pode permitir o esquecimento da perspectiva a partir da qual ele se torna possível. E é disso que falamos ao nos perguntarmos, inicialmente, sobre o que significa inverter papéis de professores e alunos.

REFERÊNCIAS

ALMEIDA, G. de. **O professor que não ensina**. São Paulo: Summus, 1996.

BOHOSLAVSKY, R. A psicopatologia do vínculo professor-aluno: o professor como agente socializador. In: PATTO, M. H. de S. **Introdução à Psicologia Escolar**. São Paulo: T. A. Queiroz Ed., 1991. p. 320-341.

BOSI, E. **Memória e sociedade**: lembranças de velhos. São Paulo: Cia. das Letras, 1994.

BOURDIEU, P. **As regras da arte**. São Paulo: Cia. das Letras, 1996.

BOURDIEU, P. (Coord.) **A miséria do mundo**. 5. ed. Rio de Janeiro: Vozes, 2003.

BRANDÃO, C. R. A turma de trás. In: MORAIS, R. (Org.) **Sala de aula**. Que espaço é esse? Campinas: Papirus, 1994. p. 105-122.

CAMUS, A. **O primeiro homem**. Rio de Janeiro: Nova Fronteira, 1994.

CANETTI, E. **A língua absolvida**. São Paulo: Cia. das Letras, 1987.

CATANI, D. B.; VICENTINI, P. P. (Org.) **Formação e autoformação**: saberes e práticas nas experiências dos professores. São Paulo: Escrituras, 2006.

CHAUI, M. Ideologia e educação. **Educação e Sociedade**, n. 5, p. 25-40, jan. 1980.

CIRANDA (Programa da Peça). De Célia Forte. Direção: José Possi Neto, 2011.

FREUD, S. **Obras completas**. Rio de Janeiro: Imago, 1996.

GUIMARÃES, C. E. A disciplina no processo ensino-aprendizagem. **Didática**, São Paulo, v. 18, p. 33-39, 1982.

MOYSÉS, L. **O desafio de saber ensinar**. Campinas: Papirus, 1994.

NOBLIT, G. W. Poder e desvelo na sala de aula. **Revista da FEUSP**, São Paulo, v. 21, n. 2, p. 119-137, jul.-dez. 1995.

NÓVOA, A. Para o estudo sócio-histórico da gênese e desenvolvimento da profissão docente. **Teoria e Educação**, n. 4, p. 109-139, 1991.

_____. **L'image à l'infini**: la lente accomodation de la profession enseigante à une identité féminine. 1996. Mimeo.

PETERS, R. S. Educação como iniciação. In: ARCHAMBAULT, R. D. (Org.) **Educação e análise filosófica**. São Paulo: Saraiva, 1979. p. 101-130.

RAMOS, G. **Infância**. 23. ed. Rio de Janeiro: Record, 1986.

REVISTA EDUCAÇÃO, n. 1 da Série Especial Biblioteca do Professor: Freud pensa a Educação. São Paulo, 2011.

TELLES, L. F. **A noite escura e mais eu**. São Paulo: Companhia das Letras, 2009.

capítulo 4

Formação continuada de educadores da infância de 0 a 5 anos: uma experiência de parceria entre a universidade e a municipalidade

Mônica Appezzato Pinazza[1]

Neste ensaio pretende-se deixar documentada uma proposta de formação continuada em serviço de profissionais de Educação Infantil, na modalidade de um curso de especialização em nível de pós-graduação *lato sensu*, desenvolvida no âmbito de um convênio firmado entre a Faculdade de Educação da Universidade de São Paulo (Feusp) e a Secretaria Municipal de Educação da cidade de São Bernardo do Campo (SP), intermediada pela Fundação de Apoio à Faculdade de Educação (Fafe).

O texto está organizado em duas partes. Na Parte I, o intuito é apresentar os objetivos traçados para o curso, a estruturação curricular proposta, trazendo os princípios educacionais subjacentes e as circunstâncias em que se desenvolveu todo o processo formativo. Na Parte II, são expostos e discutidos os resultados de um estudo que revela algumas percepções sobre o curso expressas por profissionais que participaram da formação, mediante relatos escritos, colhidos em dois

---

[1] Professora Livre-Docente da Faculdade de Educação da USP. Corresponsável pela coordenação do Grupo de Pesquisa "Contextos Integrados de Educação Infantil", da Faculdade de Educação da USP. Atuações nacionais e internacionais em atividades de pesquisa e formação de profissionais, especialmente, da Educação Infantil. E-mail:mapin@usp.br

momentos distintos do curso: ao final do 1º semestre do curso e passados os 18 meses de formação.

Compreende-se que a experiência formativa aqui considerada pode representar uma possibilidade para se pensar programas de formação continuada em serviço, particularmente, para profissionais da Educação Infantil, o que tem se constituído um desafio, seja no plano nacional, seja nas esferas dos estados e municípios.

Parte I. Concepção do Curso: Motivações e Delimitação da Tarefa Formadora

Como acontece com outros processos de formação continuada em serviço, existentes no campo da Educação Infantil, na atualidade, esse curso foi concebido a partir da Universidade em resposta a uma solicitação de um órgão governamental, no caso, a Secretaria Municipal de Educação de São Bernardo do Campo (SME-SBC), ou seja, foi idealizado por especialistas da academia para formar um grupo de profissionais atuantes no campo.

Esse conceito de formação, que se pretendeu no formato de um curso de especialização, em nível de pós-graduação, deveria enfrentar o enorme desafio de superar os inconvenientes de ter sido pensado fora dos territórios das práticas educativas dos profissionais que estariam sendo formados. Nas palavras de Fullan e Hargreaves (2001, p. 39), propostas de formação distanciadas das circunstâncias mais intrínsecas dos contextos de trabalho "tendem a ser oferecidas num conjunto de opções autossuficientes, em forma de 'menu', destinadas a grupos-alvo de escolas e de docentes", alheias às problemáticas reais vividas pelos profissionais. Por isso mesmo, tais programas estão fadados ao insucesso.

O processo formativo proposto deveria firmar-se como uma alternativa às iniciativas de formação continuada em serviço, correntes no Brasil, marcadas pelo caráter episódico (estanque) e pela indevida cisão entre teoria e prática (Kishimoto, 1999; Campos, 2002 ; Pinazza, 2004; Nicolau; Pinazza, 2007; Gatti; Barretto, 2009).

Para que se tentasse desenvolver algo distinto, não haveria como negar o risco constante de a formação não atingir as necessidades e interesses fundamentais do grupo de educadores/alunos. Ademais, era inevitável o distanciamento que se impunha entre os espaços e tempos de formação e os espaços e tempos de trabalho, acentuado, por vários estudos, como uma condição desfavorável dos programas de formação continuada, porque não se constituem processos que encorajem uma perspectiva mais ecológica de desenvolvimento, em que os contextos formativos dialogam e se interconectam com os contextos das práticas (Oliveira-Formosinho, 2009).

Em favor da sustentação da proposta do curso, foram considerados alguns posicionamentos essenciais assumidos pela coordenação e partilhados entre todos que compuseram a equipe de formadores, envolvendo:

❖ alinhamento de concepções básicas relativas ao cuidado e à educação de crianças pequenas e à formação de profissionais para a Educação Infantil, como fios condutores comuns para a elaboração dos programas das disciplinas;
❖ possibilidade de negociação da metodologia de trabalho adotada nas disciplinas com os participantes, privilegiando os relatos de experiências e a prática investigativa;
❖ definição de que as produções para fins avaliativos deveriam versar, essencialmente, sobre práticas correntes e inquietações presentes no cotidiano das profissionais. Também os trabalhos de conclusão de curso, cujas temáticas deveriam ser eleitas pelos próprios profissionais em formação, guardariam estreita relação com temas de interesse direto do campo de trabalho;
❖ compromisso de o curso esclarecer os participantes sobre a necessidade do empenho político-administrativo e pedagógico na concretização da melhoria de qualidade da Educação Infantil, que passa obrigatoriamente pelo exercício de colocar em questão as práticas correntes nas instituições educacionais envolvidas na formação.

1. Proposta do Curso de Formação

Nesta seção, pretende-se explicitar os objetivos traçados para o curso de formação continuada, apresentar a estrutura curricular, trazendo as concepções que estiveram subjacentes ao estabelecimento dos eixos e disciplinas e à metodologia de trabalho. Também serão consideradas as circunstâncias gerais de realização do curso.

1.1. Objetivos do Curso

Uma das vias em direção ao processo de profissionalização é, sem dúvida, a criação de Cursos de Especialização em Educação Infantil que, destinados a profissionais em exercício, tenham em vista a formação permanente, mediante a ampliação dos saberes relativos à área de atuação para além daqueles adquiridos nos cursos de graduação.

Ao mesmo tempo que se defende a especificidade da Educação Infantil, torna-se imperativa a articulação dessa etapa educacional com os primeiros anos do Ensino Fundamental que, afinal de contas, se ocupam de outro período da infância – de 6 a 10 anos de idade. A ampliação do Ensino Fundamental para 9 anos deve forçosamente conduzir a uma reflexão conjunta dos profissionais da Educação Infantil e do Ensino Fundamental sobre o significado da infância e os propósitos educativos a serem compartilhados, com o respeito às especificidades de um e outro níveis educacionais, tal como preveem as Diretrizes Curriculares Nacionais para a Educação Básica (Brasil, 2010).

Nessa perspectiva, o curso de especialização assumiu os seguintes compromissos:

- ❖ recuperar a construção histórica dos conceitos de criança, infância e Educação Infantil, trazendo à luz os fundamentos das práticas educativas com a faixa etária de 0 a 5/6 anos e discutindo os caminhos para a concepção de uma educação inclusiva;
- ❖ apresentar as diferentes propostas pedagógicas formuladas para a Educação Infantil em tempos e contextos histórico-culturais distintos;

❖ abordar as diferentes linguagens da criança numa compreensão de ser ela aprendiz da cultura e, ao mesmo tempo, produtora de bens culturais;
❖ discutir as possibilidades de integração de ações da Educação Infantil com as do Ensino Fundamental, mediante a revisão dos significados dos processos educativos a contar dos conceitos de alfabetização e letramento;
❖ oferecer oportunidade de reflexões a partir de autorrelatos de histórias de vida dos professores e de práticas educativas vivenciadas e registradas;
❖ supervisionar a elaboração de projetos que se revelem como possibilidades de inovação e de investigação de práticas educativas.

1.2. Circunstâncias Gerais da Realização do Curso

O curso de especialização em Educação Infantil resultou de um processo colaborativo entre a Secretaria Municipal de Educação de São Bernardo do Campo (SP) (SME/SBC) e a Faculdade de Educação da Universidade de São Paulo (Feusp), com a intermediação da Fundação de Apoio à Faculdade de Educação (Fafe). Constituído no âmbito de um convênio firmado, formalmente, entre a SME/SBC e a Feusp/Fafe,[2] o projeto do curso cumpriu os trâmites cabíveis ao estabelecimento dessa natureza de colaboração dentro da Universidade, com o aval da pró-reitoria, órgão responsável pela chancela e pela expedição da certificação recebida pelos educadores/alunos.[3]

A demanda pelo programa de formação partiu da SME/SBC e, uma vez acolhida tal demanda pela Feusp/Fafe, houve a indicação de uma docente da Feusp como proponente e coordenadora do projeto de curso, e de um segundo docente para a vice-coordenação. Portanto, a proposta do curso foi concebida e desenvolvida a

---

2 O convênio firmado abrangeu a realização de cinco cursos de especialização. Para além do Curso em Educação Infantil, compuseram o acordo: Curso para o Ensino Fundamental; Curso para o Ensino de Ciências; Curso para Diretores e Curso de Educação Inclusiva.
3 Neste texto, optou-se por empregar a conjugação dos termos educadores/alunos para aludir ao fato de serem profissionais que atuam direta ou indiretamente com as crianças (educadores) e estarem envolvidos em um programa de formação (alunos).

partir da Universidade, sendo objeto de negociações com a SME/SBC somente os aspectos relativos às circunstâncias gerais de operacionalização do projeto.

O curso foi financiado pela SME/SBC aos educadores/alunos inscritos, aos quais também foram garantidas as condições de transporte coletivo gratuito para o deslocamento até a universidade.

De natureza presencial, o curso teve uma duração de 18 meses, estendendo-se de maio de 2010 a dezembro de 2011. Os encontros aconteceram nas dependências da Feusp, aos sábados, nos períodos da manhã e da tarde, das 8h às 12h e das 13h às 17h, respectivamente. A carga horária em disciplinas foi de 360 horas-aula e para encontros presenciais de supervisão do Trabalho de Conclusão de Curso somaram-se 50 horas-aula. Portanto, a carga horária do curso totalizou 410 horas-aula. Mais detalhes serão considerados adiante quando for tratada a questão da estrutura curricular do curso.

1.2.1. Constituição das Turmas

O curso de especialização em Educação Infantil, caracterizado como um curso de formação continuada em serviço, em nível de pós-graduação, abarcou, originalmente, um total de 205 inscrições realizadas na Secretaria Municipal de Educação, órgão responsável pela definição das turmas de educadores/alunos. Destinou-se a profissionais atuantes em creches e escolas de Educação Infantil do município de São Bernardo do Campo, reunindo preponderantemente professoras,[4] com trabalho direto com as crianças pequenas, mas, também, representantes das equipes gestoras das unidades, da Orientação Pedagógica e da equipe de orientação técnica da Secretaria.[5]

---

4 O texto utiliza o termo "professoras" para indicar profissionais que trabalham diretamente com a criança. O emprego do gênero feminino deve-se ao fato de a totalidade do segmento docente ser composta de mulheres. Dos 205 profissionais inscritos, dois eram do sexo masculino. Somente um deles, diretor, finalizou o curso.
5 Os cargos de Direção e Coordenação Pedagógica compõem o quadro da equipe gestora das unidades de creche e escola de Educação Infantil. O cargo de Orientação Pedagógica é ocupado por um profissional diretamente ligado à Seção de Educação Infantil da Secretaria Municipal de Educação. A equipe de orientação técnica, vinculada à Secretaria, compõe-se de especialistas de áreas como: Psicologia, Fonoaudiologia, Terapia Ocupacional e Assistência Social, que dão suporte às unidades quando acionados pela Orientação Pedagógica.

De início, foram compostas três turmas de 34 educadores/alunos cada uma, conforme matrículas efetuadas e indicadas em listas oficiais de presença. O período de curso para essas três turmas estendeu-se de maio de 2010 a dezembro de 2011, sendo destacados períodos presenciais destinados, exclusivamente, às orientações de Trabalhos de Conclusão de Curso. Em setembro de 2010, iniciaram-se mais duas turmas, compondo um total de 103 educadores/alunos (uma turma com 47 e outra com 56 inscritos). Para que fosse possível a integralização dos créditos em disciplinas, realizaram-se aulas em período extraordinário (uma semana de janeiro de 2011) e as atividades presenciais nas disciplinas estenderam-se até 17 de dezembro de 2011. Além disso, para que não houvesse prejuízos às orientações presenciais dos Trabalhos de Conclusão de Curso, foram efetuados arranjos com os orientadores em conformidade aos trabalhos na disciplina **Desenvolvimento de Projetos**.

1.2.2. Composição da Equipe do Curso

A equipe nuclear responsável pelo curso compôs-se da coordenação, da vice-coordenação e do corpo docente, envolvendo professores da Universidade de São Paulo e professores de outras instituições de Ensino Superior e centros formadores, contratados por indicação conjunta da coordenação e da vice-coordenação. As aulas nas disciplinas foram ministradas por 21 docentes, entre professores efetivos e profissionais convidados para encontros pontuais.

A disciplina **Brinquedos e Brincadeiras na Educação Infantil** teve, também, a colaboração de duas profissionais responsáveis pelo Laboratório de Brinquedos e Materiais Pedagógicos (Labrimp) e uma profissional representante do Museu da Educação e do Brinquedo (MEB), que coordenaram visitas monitoradas a esses ambientes de estudos e pesquisa da Feusp.

Na disciplina **Desenvolvimento de Projetos**, dois profissionais representantes da biblioteca da Faculdade deram apoio no tocante ao acesso a todo o acervo impresso e eletrônico disponível e às normatizações correntes adotadas para a realização de trabalhos acadêmicos e científicos, fundamentadas na Associação Brasileira de Normas Técnicas (ABNT).

Para orientação dos Trabalhos de Conclusão de Curso foram destacados dez orientadores, com formação mínima em nível de mestrado, diretamente envolvidos com a prática e a pesquisa no campo da Educação da Infância, sob responsabilidade direta da coordenação e vice-coordenação.

O curso contou com o apoio de uma secretaria assumida, oficialmente, por uma mestranda do Programa de Pós-graduação da Feusp, que teve como principais atribuições garantir: a comunicação entre a coordenação, os docentes e os alunos/educadores; a distribuição de materiais do curso (programas, textos etc.); a veiculação de documentos diversos e, também, a captação de produções discentes e o devido encaminhamento aos professores responsáveis pelas disciplinas.

Questões de infraestrutura para a realização do curso – tais como acesso seguro às dependências (salas, laboratórios e biblioteca) e provisão e instalação de equipamentos de multimídia nas salas – ficaram a cargo de uma equipe de profissionais da Feusp, destacada pela Fafe, em acordo com a Direção da unidade.

1.3. Estrutura Curricular

O quadro teórico-metodológico orientador do currículo do curso de formação compôs-se pela reunião de diferentes influências pedagógicas do final do século XIX e do século XX, representadas pelos trabalhos de Froebel, Dewey, Freinet, Montessori; de formulações do campo da Psicologia, que se pautam pela capacidade e pelo potencial intelectual humano (Piaget) e na construção sociocultural do conhecimento (Vygotsky, Bruner). Serviram de inspiração os diferentes modelos curriculares (High Scope; Movimento da Escola Moderna (MEM); Reggio Emilia; Trabalho de Projetos) e as experiências desenvolvidas em países como Portugal (Associação Criança), Inglaterra (Pen Green Centre) e Itália (ParmaInfanzia, Reggio Emilia), que se localizam no rol das chamadas pedagogias participativas.⁶ Os preceitos de uma pedagogia da participação aplicam-se igualmente às lógicas formativas destinadas às crianças e aos adultos.

No que diz respeito às crianças, as postulações teóricas de Dewey, Piaget, Vygotsky e Bruner referendam a concepção de uma criança competente, possuidora de um potencial para a realização, devendo ser respeitada em suas necessidades e seus interesses. As experiências que traz consigo, de suas vivências com outros contextos de vida (família, comunidade), devem ser valorizadas no nível das interações com os adultos e com seus pares, em práticas colaborativas apoiadas por adultos sensíveis, que invistam na ampliação e sofisticação crescente das experiências de aprendizagens (Oliveira-Formosinho; Formosinho, 2011).

Com relação aos educadores envolvidos com o cuidado e a educação de crianças pequenas, defende-se, numa pedagogia participativa, a ideia de que devem se tornar estudiosos e investigadores de suas próprias práticas (Stenhouse, 1998; Day, 2001; Schön, 1992, 2000), responsáveis, em grande medida, pela concretização de mudanças e implementação de inovações e, por conseguinte, pela melhoria da qualidade do trabalho educativo e desenvolvimento das práticas institucionais (Hargreaves, 1998; Fullan; Hargreaves, 2001).

O curso delineou-se como um empreendimento centrado nos profissionais em formação, convidados a pensar a promoção da melhoria de qualidade das práticas educativas junto às crianças, às famílias e à comunidade, de acordo com as especificidades dos diferentes contextos de trabalho e tomando em conta a responsabilidade de todos os atores envolvidos no processo educativo (pesquisadores, educadores, familiares, administradores) (Pascal; Bertram, 1994; Dahberg; Moss; Pence, 2003; Bondioli, 2004).

Na definição dos conteúdos e da metodologia de trabalho, o compromisso foi buscar uma epistemologia da prática, impondo-se o desafio de promover a construção praxiológica de saberes pedagógicos (Oliveira-Formosinho, 2007; Oliveira-

---

6 Diferentes perspectivas pedagógicas para a educação da infância encontram-se reunidas em uma obra organizada por Oliveira-Formosinho, Kishimoto, Pinazza (2007).

-Formosinho; Formosinho, 2011) pela via da pesquisa e da reflexão. Por isso, o destaque destinado à documentação pedagógica, como uma forma de investigação das ações educativas, avaliação e promoção de transformações (Gandini; Edwards, 2002; Azevedo; Oliveira-Formosinho, 2008; Azevedo, 2009).

Ao propor a estrutura curricular do curso, houve uma preocupação para que não se configurasse como um sucedâneo de disciplinas estanques e desconexas. Isso motivou a concepção de um programa formativo organizado em três grandes eixos, de tal sorte que as disciplinas pudessem dar uma ideia de complementaridade e interlocução, no âmbito de cada eixo.

O Eixo 1 foi designado *Fundamentos da Educação Infantil*, sendo composto por três disciplinas: **Concepção de infância e Educação Infantil na sociedade**, com 32 horas-aula; **Propostas pedagógicas para a educação da infância**, com 32 horas-aula, e **Educação Infantil e políticas públicas no Brasil**, com 28 horas-aula.

Nesse eixo, pretendeu-se a análise, numa retrospectiva histórica, dos conceitos de criança e infância e a apresentação da trajetória das instituições de Educação Infantil, no mundo e no Brasil, focalizando as Pedagogias da Infância que sustentam as diferentes propostas educativas voltadas às crianças pequenas. A discussão foi norteada pela distinção entre as pedagogias transmissivas e as pedagogias participativas.

No Eixo 2, denominado *Linguagens da Criança e sua Relação com o Mundo*, reuniram-se oito disciplinas: **Brinquedos e brincadeiras na Educação Infantil**; **Expressões plásticas e desenho** e **Cultura corporal: expressões pelo movimento**, com 28 horas-aula cada uma; **Expressões dramáticas e teatro**; **Expressões rítmicas e musicais** e **Criança e suas vivências com as quantidades e dimensões**, as três com 20 horas-aula; **Emergência de histórias e processos de letramento**, com 32 horas-aula, e **Criança e suas experiências com os fenômenos naturais e sociais**, com 24 horas-aula.

Reconhecendo as múltiplas manifestações infantis e a pluralidade de linguagens, que possibilitam à criança estabelecer relações com os objetos da cultura e tecer sua história pessoal, mediante a construção de significados próprios a respeito das coisas do mundo, nesse eixo do programa impôs-se o desafio de garantir o tratamento específico de cada manifestação de linguagem da infância sem, contudo, perder a ideia de que as linguagens integram-se totalmente.

Por fim, o Eixo 3, intitulado *Ações Educativas e Agentes Educadores*, compôs-se de duas disciplinas com 16 horas-aula cada uma: **Família, comunidade e projeto pedagógico da Educação Infantil** e **Registros e portfólios: planejamento e avaliação**.

O foco desse eixo recaiu sobre a discussão acerca do sentido de complementaridade das ações educativas das famílias, das comunidades e das instituições de Educação Infantil, procurando desvelar, no interior das creches e pré-escolas, as práticas que possibilitam um trabalho com clareza intencional, planejado e constantemente avaliado e investigado, a partir da documentação das realizações das crianças e dos adultos envolvidos no processo educativo.

A grade curricular comportou, ainda, uma disciplina intitulada **Desenvolvimento de projetos**, com carga horária de 36 horas-aula, concebida na perspectiva da transversalidade, em que se discutiram projetos de práticas pedagógicas e de pesquisa para a Educação Infantil, abarcando questões tratadas no âmbito dos três eixos do programa de formação.

Parte II. O Curso Visto Pelos Profissionais em Formação

Ao delinear o projeto do curso de especialização duas intenções nortearam a formulação da proposta, basicamente: o curso deveria promover a reflexão e a ampliação da possibilidade argumentativa dos participantes e deveria ir ao encontro das inquietações trazidas pelos profissionais a partir de seus contextos de trabalho. Entendeu-se que as impressões pessoais dos educadores/alunos poderiam contribuir para a avaliação da formação, dando pistas de como estavam vivenciando/tinham vivenciado a experiência do processo formativo.

1. Como Foi Realizado o Estudo

Para conseguir algumas indicações relativas à aproximação entre as pretensões originais do programa de formação e as percepções dos participantes sobre o processo formador vivenciado por eles, considerou-se pertinente o desenvolvimento de um estudo, pautado pela análise de depoimentos escritos dos profissionais em formação, que foram colhidos em dois momentos distintos do curso: ao final do 1º semestre do curso e passados os 18 meses de formação.

Das cinco turmas de educadores/alunos, foram consideradas, no estudo, duas turmas. A escolha pautou-se essencialmente pelo fato de ambas terem iniciado o curso à mesma época e com a exata correspondência no que se refere ao acontecimento das disciplinas, ministradas pelos mesmos docentes.[7]

A participação dos educadores/alunos foi facultativa, não havendo necessidade de identificação nominal nos depoimentos fornecidos. No primeiro momento, ao final do 1º semestre de curso, 40 participantes emitiram seus depoimentos. No segundo momento, passados os 18 meses de curso, foram 36 os relatos colhidos. Considerando-se ambos os momentos de coleta dos depoimentos, 14 educadores/alunos indicaram a autoria dos relatos em um e em outro momento.

Foram lançadas, em cada uma das oportunidades dos depoimentos, duas questões amplas disparadoras dos relatos. No primeiro momento, sugeriu-se: quais as expectativas que você tinha ao início do curso? Passado esse 1º semestre, o que você tem a falar do curso? No segundo momento, ao final dos 18 meses, propôs-se: Quais são os aspectos positivos que você destaca no curso? Que condições você aponta como negativas no curso?

Mediante análise de conteúdo (Bardin, 1977; Lankshear; Knobel, 2008) dos depoimentos, foram identificadas temáticas dos relatos. Com base no exame dessas temáticas, procedeu-se ao agrupamento dessas, em categorias de análise, o

---

7   As outras três turmas cumpriram a mesma grade curricular, mas as disciplinas ocorreram em tempos distintos dentro dos 18 meses e, também, houve necessidade de lançar mão de outros profissionais para ministrarem algumas das disciplinas.

que permitiu levantar os elementos definidores do processo formador conforme a perspectiva dos profissionais envolvidos.

2. O que Dizem os Relatos e que Interpretações Suscitam

Os educadores/alunos, ao falarem de suas expectativas iniciais com relação ao curso, concentram seus relatos nas possibilidades que vislumbram com a realização da formação, representando 51,8% do total das temáticas identificadas nos depoimentos, conforme demonstra a Tabela 1.

Tabela 1. Expectativas dos educadores/alunos ao início do curso

Temática dos relatos	Componentes específicos dos relatos	%
Possibilidades do curso	Pesquisar, aprofundamento teórico e reflexão sobre as práticas	9,6
	Revisitar conceitos	3,8
	Aprender coisas novas, novos caminhos e ampliar conhecimentos	34,6
	Tirar dúvidas, partilhar problemas e experiências	3,8
Sentimentos sobre o curso	Insegurança diante do curso por limitação pessoal	13,5
	Apreensão com a diversidade de informações	7,7
	Apreensão com o excesso de atividades	3,8
Outras manifestações	Entusiasmo por ser um curso na USP	19,2
	Expectativa equivocada	2,0
	Sem menção específica	2,0

Nota: Colhidos 40 depoimentos e identificadas 52 temáticas

Destacam-se as menções ao fato de poderem aprender coisas novas e novos caminhos, ampliando conhecimentos (34,6%). Os seguintes relatos são bastante ilustrativos dessa manifestação:

> Quando eu cheguei ao curso minha expectativa era ampliar conhecimentos buscando aperfeiçoamento na minha prática pedagógica com os alunos, visando entender melhor os processos de aprendizagem e conhecer subsídios teóricos para pautar a prática escolar.

> Faz dois anos que estou na área da educação e busquei o curso por me sentir muito imatura em relação ao meu planejamento (o que e como ensinar), ou seja, eu sigo as práticas recomendadas a mim e, dificilmente, elaboro algo completo com início, meio e fim.

Na análise conjunta dos demais componentes dos relatos, referentes à categoria "possibilidades do curso", percebe-se que a questão da ampliação e aprofundamento do conhecimento teórico vincula-se à condição de reflexão de aperfeiçoamento das práticas, mas numa concepção de relação teoria-prática que suscita a ideia de que a prática pode se fazer pela aplicação de teorizações. Revela, em última instância, a cisão corrente que persiste entre os saberes teóricos e os saberes da prática (Sacristán, 1995; Nóvoa, 1992,1999; Woods, 1999).

Ademais, ao declarar a impossibilidade pessoal de fazer seu próprio planejamento e a necessidade de desenvolver "práticas recomendadas a mim", a pessoa, autora do relato, ratifica a lógica presente a partir das próprias instituições de Educação Infantil em não valorizar a autoria dos educadores, denotando pouco espaço de discussão e de reflexão sobre as ações educativas. O contexto de trabalho não se configura como uma esfera de aprendizagens e de construção de saberes, nos termos defendidos por autores como Barroso (2003); Bolívar (2003) e Fullan (2009).

Considerando uma segunda categoria de análise, designada "Sentimentos sobre o curso", revelam-se manifestações de insegurança por limitação pessoal diante do nível da proposta do curso e pela diversidade de informações (21,2%), além da apreensão diante do desafio de acumular atividades de estudo e de trabalho (3,8%).

O entusiasmo pelo fato de ser um curso realizado pela Universidade de São Paulo e por resultar em certificação chancelada por essa instituição mereceu destaque entre os relatos trazidos pelos participantes (19,2%) dentro da categoria "Outras manifestações", com referências ao crescimento intelectual e à oportunidade de fazer pós-graduação na USP.

> [...] acrescentar em meu currículo profissional e pessoal uma pós-graduação da Universidade de São Paulo foi a mola propulsora que me manteve perseverante.

> [...] uma oportunidade desse nível é, sem dúvida, única e imperdível, onde terei muito mais chances de aprender coisas que irão além de minhas expectativas como também revolucionar a minha prática pedagógica.

Percebe-se a valorização exacerbada da chancela e da certificação, numa visão até mesmo fantasiosa do alcance formador da academia: "revolucionar a minha prática". Aliás, no que diz respeito particularmente à formação de professores para Educação Infantil, escritos como os de Formosinho (2002, p. 174) contestam a correspondência linear entre o nível de certificação providenciado pela universidade e os benefícios reais no plano da prática profissional, alertando sobre os efeitos, por vezes, funestos do que chama a "academicização da formação profissional de professores". Portanto, é preciso cautela ao se trabalhar com pessoas que vêm com essa natureza de expectativa para o curso de especialização, pois elas podem estar esperando o que a academia não é capaz de lhes dar.

Há que registrar, também, a presença, mesmo que pouco significativa do ponto de vista quantitativo (2%), de uma visão equivocada, mas que é reveladora da realidade vivida pelos educadores em processos formativos de que participam.

> Quando eu cheguei ao curso estava totalmente despreparada para esta área. Achei que seria mais prático [...] achei também que seria como a faculdade, que apenas seria um curso de reciclagem, com conhecimento de novos conceitos. Mas estou aprendendo novos conceitos, estratégias, novos recursos, dialogando com mais liberdade sobre a prática que acontece dentro do ambiente escolar e fora dele. (Fragmento de relato escrito sem identificação.)

É possível supor que a pessoa autora desse relato esteja se referindo a experiências de formação que ora se aproximam de receitas para dar conta de práticas, ora se definem pelo desfile de teorizações com o mero intuito de "reciclagem de conhecimento", como se os conhecimentos se reciclassem, uns dando lugar aos outros, num movimento de substituição e de inovação desenfreada e fosse essa a lógica da construção do conhecimento humano.

Ao final do 1º semestre de curso, das 61 temáticas identificadas nos relatos, 86,8% mencionam as contribuições do curso conforme mostra a Tabela 2. Com porcentagens bem menos expressivas aparecem referências pontuais aos sentimentos de satisfação e prazer com o curso (6,6%) e às apreensões pessoais com as demandas do curso (6,6%).

Tabela 2. Percepções dos educadores/alunos sobre o curso ao final do 1º semestre

Temática dos relatos	Componentes específicos dos relatos	%
Contribuições do curso	Avanço em teorizações – sustentação em pesquisa – análise crítica	18,0
	Conhecimentos com repercussão nas práticas	37,7
	Aprofundamento conceitual	8,2
	Revelação de novos conhecimentos	16,4
	Trocas de experiências com colegas da rede	6,5
Sentimentos em relação ao curso	Satisfação/ Prazer	6,6
Outras manifestações	Apreensão com as demandas do curso	6,6

Nota: Colhidos 40 depoimentos e identificadas 61 temáticas.

Ganham destaque especial as declarações que apontam que a aquisição de conhecimentos repercutiu positivamente nas práticas educativas (37,7%). É o que indicam, por exemplo, os relatos seguintes:

> [...] já percebo muitas mudanças em minha prática... sinto que estou conseguindo argumentar com meus colegas de trabalho e sentindo mais prazer em trabalhar.
> Muitas experiências estão sendo realizadas por mim em sala de aula, como o trabalho com os questionamentos das crianças, as etapas de um projeto construídas coletivamente com elas.
> Percebi que o modo com o qual eu vinha trabalhando com as turmas de 6 anos, especialmente pelas cobranças da Secretaria em relação às hipóteses de escrita, estava tornando meu trabalho muito limitado e muito diferente do que as crianças dessa faixa etária realmente precisam.

Os relatos sugerem a presença de práticas pedagógicas arraigadas e dão indícios da dificuldade dos docentes em conduzirem modificações em seus contextos de trabalho. Afinal, parece não contarem com suporte para arriscar inovações e modos de ação contrários ao que já está estabelecido.

O curso constituiu-se uma esfera "autorizada" pelo órgão público municipal e pela academia, responsáveis pela realização do processo formativo, na qual seria possível pensar e desenhar esquemas de ação que colocassem em questão o estabelecido, o legitimado.

Mudanças no plano dos saberes e das crenças são marcadas pela percepção de uma desestruturação ou desestabilização cognitiva. Nos primeiros tempos revela-se, até mesmo, em forma de indignação e desconfiança, como ilustra o relato:

> Nas primeiras aulas [...] muitas das falas mexiam com minhas convicções e eu saía da aula com sentimento de revolta [...] E pensava comigo mesma: quem é ela que nem na sala de aula está, para dizer tudo isso? O que ela tem contra a fila? Me sentia ofendida e magoada. Mas refletindo depois das aulas, percebi que, se as falas da professora estavam mexendo comigo, é porque eu precisava desta "balançada" em meus valores e crenças. Não vou dizer que já me sinto confortável com tantas críticas, mas estou disposta a ouvir e aprender tudo que realmente possa me tornar uma educadora melhor.

As atitudes de recusa e os temores manifestam-se como expressões de uma condição que abala o que está estabelecido e requer das pessoas um esforço em colocar-se à prova numa outra condição (Dewey, 1959; Lewin, 1973). Esse pode ser um longo processo de construção de laços de confiança dentro do processo formativo.

O relato escrito após um semestre de curso – "não vou dizer que já me sinto confortável com tantas críticas" – também mostra que naquele momento a compreensão que se tinha da formação era um tanto limitada: "[...] estou disposta a ouvir e aprender tudo que realmente possa me tornar uma educadora melhor". A declaração, pela educadora, da "disposição em ouvir e em aprender" é um ponto de partida para a conquista da condição de, também, se fazer ouvida em suas argumentações.

As transformações mencionadas, conforme indicam os relatos, não decorrem necessariamente do contato com novos conhecimentos, mas da possibilidade de revisitar as teorizações e de fazê-las dialogar com os saberes acumulados ao longo da profissão.

> Como estou agora, passado o primeiro período? Desestruturada. O curso vem mudando conceitos, reflexões que fazem parte da minha base e da pouca experiência que tenho no ramo. Acreditava que o curso iria mudar muitas coisas, mas não imaginava a dimensão. (Relato sem identificação.)

> Cheguei no curso com algumas ideias e conceitos de infância que fui construindo ao longo de minhas experiências profissionais e vivências com as crianças e também com a minha própria experiência como criança. [...] Conforme fomos discutindo nos encontros sobre conceitos de infância e de que Educação Infantil temos e qual pretendemos atingir, formar, fui me dando conta de que minhas experiências, conhecimentos pouco tinham fundamento teórico. A cada aula era desestabilizada com novos conceitos, que não são tão novos assim, mas vistos por mim agora, de outro lugar, de outra perspectiva... que pareciam inéditos. [...] (Relato escrito sem identificação.)

> Percebi quantas coisas novas temos a aprender. E, às vezes, os assuntos nem são novos, mas tínhamos uma visão equivocada deles, como as teorias de Piaget e Vygotsky, tão faladas e discutidas, no entanto, de maneira bem superficial. (Relato escrito sem identificação.)

Os avanços no terreno das teorizações (18%) e o aprofundamento no nível conceitual (8,2%) são percebidos pela constituição de uma crítica a respeito dos assuntos relacionados ao cuidado e à educação das crianças pequenas e pela manifestação da necessidade de desenvolver pesquisas. O ganho no plano argumentativo permite aos profissionais defenderem suas ideias e falarem sobre suas práticas.

> Começo a me apropriar da necessidade de ter conhecimento dos direitos da criança e dos deveres do Estado em relação à Educação Infantil e, principalmente, de fazê-los valer em sua totalidade. Não é tarefa fácil. Há sempre um obstáculo ou outro, mas somos corresponsáveis pela garantia gradativa desses direitos e deveres.
>
> Pude perceber o quanto a política pública tem influência direta nas instituições escolares, nas tomadas de decisões do governo [...]
>
> [...] posso dizer que estou mais crítica e inconformada com muitas coisas e expresso isso com argumentos e fundamentações quando sou questionada e/ou mal interpretada, defendendo meus posicionamentos e até fazendo alguns refletirem mais.
>
> [...] remete-nos a termos uma estranheza em nossa prática educativa, refletindo primeiramente qual é a nossa concepção, dos nossos colegas de trabalho, paralelamente, da unidade educacional e da Secretaria de Educação.
>
> A cada encontro me sinto mais fortalecida para questionar algo que não acho legal para a criança, tanto na prática, no meu dia a dia, quanto em conversas com outras pessoas.

O inconformismo, a possibilidade de estranhar sua própria prática pedagógica, a necessidade de efetuar questionamentos e defender os seus posicionamentos diante do grupo e perante outras esferas de decisão administrativo-pedagógica são boas pistas de que os profissionais estão em vias de reaver a legitimidade das ações que desenvolvem com as crianças. Afinal, o estabelecimento das intenções educativas e o poder das escolhas conceituais que a elas subjazem compõem a essência da profissão de professores.

Os depoimentos sugerem que o curso representou um foro importante em que a veiculação de saberes instigou, nos participantes, a necessidade de se apropriarem mais do seu campo profissional. Pode-se dizer que localizaram em si próprios o potencial para se tornarem investigadores de suas práticas (Stenhouse, 1998; Day, 2001; Schön, 1992, 2000).

Passados 18 meses de curso, portanto, ao final da formação, 36 educadores/alunos fizeram seus relatos a respeito do processo vivido, destacando aspectos positivos e negativos. A partir da análise dos relatos, foi identificado o total de 95 indicações. Dessas, 63 diziam respeito a aspectos positivos do curso e 32 apontavam aspectos negativos.

Conforme mostra a Tabela 3, do total de relatos recolhidos, 87,2% aludem às contribuições trazidas pelo curso de formação, destacando-se as menções aos impactos positivos nas práticas educativas (38,1%) e à possibilidade de reflexão e de argumentação (25,4%). Com porcentagens menos expressivas (7,9%), o acesso a recursos materiais de boa qualidade, apostilas e textos da bibliografia; a aquisição de novos conhecimentos e a revisitação a conhecimentos e aprimoramento foram os outros aspectos apontados pelos participantes na categoria "contribuições do curso".

Tabela 3. Aspectos positivos indicados pelos educadores/alunos ao final do curso

Temática dos relatos	Componentes específicos dos relatos	%
Contribuições do curso	Impactos nas práticas	38,1
	Possibilidade de reflexão e argumentação	25,4
	Qualidade dos recursos materiais – apostilas e textos da bibliografia	7,9
	Aquisição de novos conhecimentos	7,9
	Revisitação de conhecimentos e aprimoramento	7,9
Outras manifestações	Expectativa de se fazer uma continuidade do curso	4,8
	Possibilidade de pensar e projetar o ano seguinte	1,6
	Satisfação com a possibilidade de formação aos gestores	1,6
	Superação de expectativas	1,6
	Comentários gerais sem especificações	3,2

Nota: Colhidos 36 depoimentos e identificadas 63 temáticas.

Analisando-se comparativamente os relatos recolhidos nos dois momentos da pesquisa (1º semestre do curso e ao final do 3º semestre), verifica-se uma aproximação nas porcentagens de manifestações relativas aos impactos ou repercussões nas práticas pedagógicas, traduzidas nos seguintes termos pelos participantes:

> Mudei o espaço de minha sala, tirei mesas e fiz cantos temáticos. Tenho outra concepção de projeto e passei a 'ouvir' as crianças, seus interesses e necessidades. Tenho objetivos, sei onde quero chegar [...] Meu relatório mudou radicalmente e aliando-me ao gestor (curso de gestor) conseguimos 'contaminar' a escola.
>
> O diálogo entre teoria e prática foi o ponto crucial a meu ver; esse ir e vir é essencial para quem está na 'lida', com a 'mão na massa' [...] Ler, refletir, colocar em prática foram as palavras de ordem [...]
>
> [...] foi muito positivo esse período para mim, consegui modificar o espaço da sala em que atuo, adotei dinâmicas novas aprendidas [...]
>
> Como Orientadora Pedagógica me ajuda muito a ter mais fundamentação quando vou discutir as práticas com as escolas.

Ao término do curso, os depoimentos dos participantes ratificam o fato de que o processo formativo conseguiu estabelecer, em certa medida, um diálogo com as realizações práticas nos contextos de trabalho, o que pode ser considerado um mérito do programa de formação.

Outro aspecto positivo destacado pelos participantes diz respeito às possibilidades de reflexão e de argumentação trazidas pelo curso de especialização. Reiterando as declarações recolhidas ao final do 1º semestre da formação, os participantes afirmam:

> Durante anos tive e trabalhei com uma concepção de criança em que teria que preparar para o Ensino Fundamental. Assim, o aspecto mais positivo do curso foi, sem dúvida, ter acesso às novas concepções pedagógicas, pensando

> em uma Pedagogia Participativa. Deste curso, além dos novos conhecimentos, levo comigo uma nova lista de leitura para continuar nas leituras para mudança em meu trabalho.
>
> O curso me transformou em uma educadora mais atenta, argumentadora e com um conceito de que muitas coisas podem ser feitas e mudadas. [...] passei a questionar mais as coordenadoras e outras professoras na escola em relação à prática e diversas atividades.
>
> Hoje tenho mais argumentos para discutir com os pais e responsáveis, e até com os colegas de trabalho.
>
> [...] Ajuda, a partir dos debates realizados, a ter outros estranhamentos sobre as práticas escolares, bem como elementos para tematizá-las com maior profundidade. (Relato escrito de uma orientadora pedagógica.)

Ao serem convidados a refletir e a argumentar, retomam para si a autoria sobre aquilo que pensam e fazem na Educação Infantil. Esse é o verdadeiro sentido de educação pela reflexão, nos termos deweyanos (Dewey, 1929).

Recorrendo às manifestações das 14 profissionais que se identificaram nos relatos escritos, colhidos nos dois momentos da pesquisa, é possível constatar como perceberam o processo formativo como um todo.

A professora MR indicou como suas expectativas iniciais em relação à formação: "a ampliação de conhecimentos, a realização de estudos aprofundados e o enriquecimento do meu trabalho". Ao final dos 18 meses declara:

> Tão importante foi o ganho em relação às questões relacionadas à infância que voltaram a acender a chama que existia em mim quando iniciei minha carreira profissional, pois era questionadora quanto às imposições e doutrinas que não atendiam às especificidades infantis [...]
>
> Hoje novamente encontro-me disposta a levantar questões que possibilitem olhares diferenciados [...] Tenho apostado mais nas minhas crianças e tenho observado que estão falando mais, escolhendo mais, propondo mais e, por conseguinte, estão mais felizes. (Depoimento da professora M. R.)

Para a professora K, o curso de especialização representava "a possibilidade de melhoria da prática". Na finalização do processo, refere-se a ele nos seguintes termos:

> É uma experiência única que só quem esteve presente pode dizer como é, nos orgulhando muito do que somos capazes de concluir. (Depoimento da professora K.)

A professora AM tinha como expectativa "aprender e poder aplicar na prática os conhecimentos". Já ao final do primeiro semestre do curso afirma:

> Meus conceitos de infância e de criança estavam presos à teoria, hoje tenho mais compreensão e vivencio no meu meio. Estou mais atenta se realmente se faz respeitar os direitos das crianças como cidadãs. (Depoimento da professora A. M.)

E, depois de 18 meses, assevera:

> Tenho um olhar e argumentação (conhecimento) que estão auxiliando na intervenção e formação com o meu grupo de trabalho. (Depoimento da professora A. M.)

Uma análise do conjunto de declarações dos participantes, até aqui consideradas, fornece indicativos de que o curso de formação permitiu a constituição de situações de aprendizagens bastante interessantes e condizentes com as expectativas dos educadores/alunos.

A todo programa de formação deve interessar também a indicação das fragilidades do processo percebidas pelas pessoas envolvidas. No que tange aos aspectos negativos, foram identificadas 32 manifestações, merecendo destaque as "questões didático-pedagógicas" (53,2%). Seguem-se as menções a "condições externas ao curso" (28,7%) e, em terceiro lugar, às "questões de infraestrutura" (15,6%), conforme ilustra a Tabela 4.

Tabela 4. Aspectos negativos indicados pelos educadores/alunos ao final do curso

Temática dos relatos	Componentes específicos dos relatos	%
Questões didático-pedagógicas	Conteúdo e sistemática de aulas – indicações pontuais a professores	40,6
	Problemas relacionais – indicações pontuais a professores	6,3
	Falta de relação com a prática profissional	6,3
Questões de infraestrutura	Acesso aos materiais de aulas	3,1
	Equipamentos da universidade	3,1
	Sistemática de captação dos trabalhos e frequência às aulas	6,3
	Dinâmica de empréstimo da biblioteca – tempo reduzido	3,1
Condições externas ao curso	Por acontecer aos sábados – o dia todo	18,7
	Limitação temporal para execução das tarefas do curso	6,3
	Sistema de almoço	3,1
Outras manifestações	Sem explicitação	3,1

Nota: Colhidos 36 depoimentos e identificadas 32 temáticas.

Uma análise detalhada dos relatos revela que as ressalvas com respeito às questões didático-pedagógicas referem-se, especialmente, ao conteúdo e à sistemática de aulas (40,6%). No entanto, as indicações são bastante pontuais e não se configuram como uma percepção mais generalizada entre os educadores/alunos sobre uma ou outra disciplina do curso, nem tampouco focalizada em um docente em particular.

No que diz respeito às condições de realização do curso, destacam-se as menções ao fato de ter acontecido aos sábados (18,7%), nos períodos da manhã e da tarde, o que requereu um esforço pessoal e profissional bastante grande, considerando o fato de os participantes acumularem os compromissos do curso de especialização com os da profissão.

O exame dos relatos sobre os pontos percebidos como negativos pelos educadores/alunos permite afirmar que as indicações não se referem a elementos constitutivos essenciais do curso (tratamento em profundidade dos conceitos; coerência no plano das concepções; solidez das bases teórico-metodológicas e articulação com as experiências advindas da prática) e, portanto, não colocam em questão aspectos que pudessem comprometer a qualidade do curso como um todo.

Decerto, a qualidade de um programa de formação não pode ser avaliada somente com base na análise de relatos escritos de seus participantes. No entanto, não há como negar que o conjunto de depoimentos fornecidos pelos educadores/alunos representou uma potente fonte informativa que permitiu três ordens de indícios: 1. O que as pessoas esperam encontrar quando vêm para um curso de especialização como o proposto; 2. Que experiências de formação e profissão elas trazem consigo; e 3. Em que medida estabelecem conexões entre as suas vivências no processo formativo e as realizações profissionais, em seus contextos de trabalho particulares.

Esses podem ser elementos relevantes a serem considerados no delineamento de projetos de formação nos moldes do que aconteceu nessa parceria entre a Universidade e a municipalidade.

Considerações Finais

Em forma de conclusão, vale destacar duas observações relativas à formação continuada em serviço realizada em forma de um curso de especialização na

Universidade, que confluem para um mesmo ponto: as dimensões do desenvolvimento profissional com que devem se ocupar os cursos de formação.

A primeira observação diz respeito ao fato de que as inquietações dos educadores, traduzidas por eles como necessidades de aprofundamento no plano teórico e de renovação e aprimoramento de práticas, na verdade trazem consigo uma estrutura de pensar e sentir a profissão e de perceber o seu papel na promoção de transformações das ações educativas bastante sedimentadas.

Nas entrelinhas dos relatos revelam-se, essencialmente, as crenças de que: 1. O poder de mudanças é externo à sua possibilidade de atuação profissional e, portanto, estaria na mão de outros atores (gestores da instituição de Educação Infantil; administradores e especialistas da educação); 2. Os saberes teóricos e a academia podem definitivamente legitimar e modificar as realizações práticas, a despeito do que eles próprios trazem como experiências profissionais acumuladas; e 3. Determinadas práticas estão presentes há muito tempo porque foram consideradas boas em dado momento por certo grupo e que, portanto, são incontestavelmente adequadas, acima da problematização e inquirição.

Tentar o diálogo com crenças como essas e com valores dos educadores em formação foi um dos maiores desafios impostos ao curso. Na transversalidade, em todas as disciplinas, o sistema de comunicação e de troca de conhecimentos procurou se compor nos termos de um revigoramento da prática investigativa e reflexiva a partir daquilo que os próprios profissionais traziam de suas histórias de formação e profissão.

Não se trata de uma tarefa simples, nem se pode dizer que o curso de especialização, aqui discutido, conseguiu atingir, plenamente, esse intento. Fica, contudo, a importante indicação de que os programas de formação de educadores não podem aderir a uma visão reducionista da docência, considerando-a somente uma atividade intelectual e técnica. Em vez disso, é preciso compreender a atividade docente em sua complexidade e em seu caráter multifacetado, em que concorrem, também, as dimensões moral e relacional (Formosinho, 2002).

A segunda observação refere-se, particularmente, ao alcance formador do curso de especialização realizado.

Se os relatos denotam certa superação da cisão entre as teorizações e as experiências vividas nos contextos de trabalho e também indicam que o curso impulsionou o processo de mudanças de práticas educativas, eles fazem pensar em que medida os momentos de discussões propiciados pela situação de formação no decorrer de 18 meses foram suficientes para promover efetivas transformações na atuação profissional dos educadores envolvidos.

Pode-se arriscar dizer que o curso de formação representou um importante contexto transformador, mas não definitivo e único na promoção do desenvolvimento profissional. Afinal, como assevera Oliveira-Formosinho (2002, p. 129):

> O desenvolvimento profissional é uma caminhada que envolve crescer, ser, sentir, agir. Envolve crescimento, como o da criança, requer empenhamento, com a criança, sustenta-se na integração do conhecimento e da paixão. Cultivar as disposições para ser, saber, sentir e agir, em contexto, é um desafio que requer processo de sustentação, colaboração, pois não se faz no isolamento.

Nessas palavras da autora, resume-se a ideia de que o desenvolvimento profissional representa muito mais que uma vivência num processo formativo, mas que implica um tecido que se constitui na interconexão dos contextos de vida, formação e trabalho dos profissionais, ou seja, implica uma mudança ecológica.

Por conseguinte, os esforços transformadores de um curso de especialização não se restringem às ações formativas empreendidas no âmbito do curso. Para que essas ações ecoem nos contextos de trabalho e até mesmo repercutam no plano das políticas públicas para a Educação Infantil, é preciso investir no envolvimento de maior número de atores que ocupem lugares de liderança, seja nas unidades educacionais (diretores e coordenadores pedagógicos), seja na esfera responsável pelas orientações administrativo-pedagógicas, nesse caso em estudo, a Secretaria Municipal de Educação.

Computa-se como mérito do curso de especialização ter conseguido suscitar a necessidade de se garantir a sustentação ao processo formativo concluído de modo que pudesse ter repercussões na rede de creches e pré-escolas do município. Foi nessa perspectiva que se desenvolveu, na continuidade, um projeto de formação com as lideranças formais: diretores, coordenadores pedagógicos e orientadores pedagógicos, concebido no formato de encontros de trabalho, que se estendeu por 18 meses (agosto de 2011 a dezembro de 2012).

REFERÊNCIAS

AZEVEDO, A. **Revelando a aprendizagem das crianças**: a documentação pedagógica. 2009. Dissertação (Mestrado) – Universidade do Minho. Braga, 2009.

AZEVEDO, A.; OLIVEIRA-FORMOSINHO, J. A documentação pedagógica: a voz da criança. In: OLIVEIRA-FORMOSINHO, J. (Org.) **A escola vista pelas crianças**. Porto: Porto Editora. 2008. p. 117-143.

BARDIN, L. **Análise de conteúdo**. Lisboa: Edições 70, 1977.

BARROSO, J. Formação, projeto e desenvolvimento organizacional. In: CANÁRIO, R. (Org.) **Formação e situações de trabalho**. Porto: Porto Editora, 2003. p. 61-78. (Col. Ciências da Educação).

BOLÍVAR, A. A escola como organização que aprende. In: CANÁRIO, R. (Org.) **Formação e situações de trabalho**. Porto: Porto Editora, 2003. p. 79-100. (Col. Ciências da Educação).

BONDIOLI, A. (Org.) **O projeto pedagógico da creche e a sua avaliação**: a qualidade negociada. Campinas: Autores Associados, 2004.

BRASIL, MEC. CNE. **Diretrizes Curriculares Nacionais para a Educação Básica**. Parecer CNE/CEB n. 7/2010. Brasília/DF. MEC/CNE/CEB, 2010.

CAMPOS, M. M. A formação de profissionais de Educação Infantil no contexto das reformas educacionais brasileiras. In: OLIVEIRA-FORMOSINHO, J.; KISHIMOTO, T. M. (Org.). **Formação em contexto**: uma estratégia de integração. São Paulo: Pioneira Thomson Learning, 2002.

DAHLBERG, G.; MOSS, P.; PENCE, A. **Qualidade na educação da primeira infância** – Perspectivas pós-modernas. Porto Alegre: Artmed, 2003.

DAY, Cr. **Desenvolvimento profissional de professores**: os desafios da aprendizagem permanente. Porto: Porto Editora, 2001.

DEWEY, J. **The sources of science of education**. New York: Liveringht, 1929.

_____. **Como pensamos**. 3. ed. São Paulo: Cia. Editora Nacional, 1959.

FORMOSINHO, J. A universidade e a formação de educadores de infância: potencialidades e dilemas. In: MACHADO, M. L. de A. (Org.) **Encontros e desencontros em Educação Infantil**. São Paulo: Cortez Editora, 2002. p. 169-188.

FULLAN, M. **O significado da mudança educacional**. 4. ed. Porto Alegre: Artmed, 2009.

FULLAN, M.; HARGREAVES, A. **Por que é que vale a pena lutar?** O trabalho de equipa na escola. Porto: Porto Editora, 2001.

GANDINI, L.; EDWARDS, C. (Org.) **Bambini**: a abordagem italiana à Educação Infantil. Porto Alegre: Artmed, 2002.

GATTI, B. A.; BARRETTO, E. S. de S. (Coord.) **Professores do Brasil**: impasses e desafios. Unesco, 2009.

HARGREAVES, A. **Os professores em tempos de mudança** – O trabalho e a cultura dos professores na idade pós-moderna. Lisboa: McGraw-Hill, 1998.

KISHIMOTO, T. M. Política de formação profissional para a Educação Infantil: Pedagogia e Normal Superior. **Educação & Sociedade**, Campinas, n. 68/especial, p. 61-79, 1999.

LANKSHEAR, C.; KNOBEL, M. **Pesquisa pedagógica**: do projeto à implementação. Porto Alegre: Artmed, 2008.

LEWIN, G. K. (Org.) **Problemas de dinâmica de grupo**. 2. ed. São Paulo: Cultrix, 1973.

NICOLAU, M. L. M.; PINAZZA, M. A. Teacher Preparation in Brazil. In: NEW, R. S.; COCHRAN, M. (Org.) **Early Childhood Education**: an international encyclopedia. Westport, CT: Greenwood, Praeger, 2007. v. 4. p. 943-947.

NÓVOA, A. Formação de professores e profissão docente. In: _____. (Coord.) **Os professores e a sua formação**. Lisboa: Publicações Dom Quixote, 1992. p. 15-33.

_____. Os professores na virada do milênio: do excesso dos discursos à pobreza das práticas. **Educação e Pesquisa**, São Paulo, v. 25. n. 1. p. 11-20, 1999.

OLIVEIRA-FORMOSINHO, J. O desenvolvimento profissional das educadoras de infância: entre os saberes e os afectos, entre a sala e o mundo. In: MACHADO, M. L. de A. (Org.) **Encontros e desencontros em Educação Infantil**. São Paulo: Cortez Editora. 2002. p. 169-188.

_____. Pedagogias da infância: reconstruindo uma práxis de participação. In: OLIVEIRA-FORMOSINHO, J.; KISHIMOTO, T. M.; PINAZZA, M. A. **Pedagogia da Infância**: dialogando com o passado, construindo o futuro. Porto Alegre: Artmed, 2007.

_____. Desenvolvimento profissional dos professores. In: _____. (Coord.) **Formação de professores** – Aprendizagem profissional e ação docente. Porto: Porto Editora, 2009.

OLIVEIRA-FORMOSINHO, J.; FORMOSINHO, J. A perspectiva pedagógica da Associação Criança: a Pedagogia-em-Participação. In: OLIVEIRA-FORMOSINHO, J.; GAMBÔA, R. (Org.) **O trabalho de projeto na Pedagogia-em-Participação**. Porto: Porto Editora, 2011. p. 11-45.

PASCAL, C.; BERTRAM, T. Exploring definitions of quality for children 3-5 in practice. In: LEAVERS, F. (Ed.) **Defining and assessing quality in early childhood education**. Leuven: Leuven University Press, 1994. p. 103-109.

PINAZZA, M. A. A Educação Infantil em suas especificidades. In: GERALDI, C. M. G. et al. (Org.) **Escola viva**. Elementos para a construção de uma educação de qualidade social. Campinas: Mercado das Letras, 2004. p. 371-385.

SACRISTÁN, J. G. Consciência e ação sobre a prática como libertação profissional dos professores. In: NÓVOA, A. (Org.) **Profissão professor**. 2. ed. Porto: Porto Editora, 1995. p. 63-92.

SCHÖN, D. A. Formar professores como profissionais reflexivos. In: NÓVOA, A. (Coord.) **Os professores e a sua formação**. Lisboa: Publicações Dom Quixote, 1992. p. 77-91.

_____. **Educando o profissional reflexivo**: um novo design para o ensino e a aprendizagem. Porto Alegre: Artmed, 2000.

STENHOUSE, L. La investigación como base de la enseñanza. In: RUDDUCK, J.; HOP KINS, D. (Sel.) **Research as a Basis for teaching**. 4. ed. Madrid: Ediciones Morata S. L., 1998.

WOODS, P. **Investigar a arte de ensinar**. Porto: Porto Editora,1999.

capítulo 5

❖

O currículo cultural da Educação Física na Educação Infantil: uma proposta para o reconhecimento da cultura lúdica[1]

Marcos Garcia Neira[2]

1. Introdução

A nova configuração do tecido social mostra-se especialmente desafiadora à escola. Criada para concretizar o projeto moderno de formar o sujeito autônomo e apto a solucionar os problemas da realidade por meio de conhecimentos científicos, vê-se diante dos dilemas trazidos pelos tempos pós-modernos. A incerteza quanto aos rumos da sociedade, a proliferação de discursos, a supremacia dos meios de comunicação de massa, a compressão do espaço-tempo, entre outras características da contemporaneidade, vêm desencadeando insegurança e apreensão naquela parcela da população que concebe a escola como templo de uma cultura "verdadeira", impermeável aos novos conhecimentos e valores em circulação. É razoável dizer que no âmbito escolar, nos espaços de formação docente e nos setores responsáveis pela administração e políticas dos sistemas educativos, a temática tem sido amplamente discutida e analisada. Tanto o debate em torno do cidadão desejado quanto os meios para formá-lo transcenderam a agenda dos

---

[1] Versão ampliada do artigo "Educação Física na perspectiva cultural: proposições a partir do debate em torno do currículo e da expansão do Ensino Fundamental", publicado na *Revista Horizontes*, v. 27, 2009.
[2] Licenciado em Educação Física e Pedagogia. Mestre e Doutor em Educação e Livre-Docente em Metodologia do Ensino de Educação Física. Professor titular da Faculdade de Educação da USP, onde leciona nos cursos de graduação e pós-graduação e coordena o Grupo de Pesquisas em Educação Física Escolar. (www.gpef.fe.usp.br).

principais fóruns acadêmicos e invadiram a imprensa, as páginas dos jornais e os programas de televisão. Se algum consenso existe, provavelmente está na insatisfação com os currículos existentes em todas as etapas da escolarização. Para aqueles mais atentos, a nudez do rei está exposta. Afinal, em tom jocoso, é possível afirmar que "não se muda de currículo como se troca de camisa".

Premidas pela relevância do assunto, diversas instâncias governamentais têm promovido debates e produzido orientações e diretrizes visando subsidiar a construção de currículos. No rastro desse movimento, o Ministério da Educação publicou recentemente duas coletâneas: **Ensino Fundamental de nove anos: orientações para a inclusão da criança de seis anos de idade e Indagações sobre o currículo**.[3] Elaborados por especialistas, os textos componentes qualificam a discussão em torno da educação da infância e do currículo.

Sem enveredar por um debate disciplinar, as publicações objetivaram deflagrar o diálogo com professores e gestores sobre a infância na educação básica e sobre a concepção de currículo e seu processo de elaboração. Fundamentados em uma ampla visão do que representa formar sujeitos para atuar no espaço público contemporâneo, tencionam subsidiar os educadores na formação de cidadãos para a construção de uma sociedade mais democrática e equitativa.

Neste ensaio, o material oficial foi submetido a uma análise crítica. Dele, extraímos alguns argumentos que nos incitaram a pensar a construção e desenvolvimento de um currículo da Educação Física para a educação da infância, coerente com os tempos em que vivemos. Em outras palavras, inspiramo-nos nas matrizes teóricas disponibilizadas pelas publicações governamentais para arquitetar uma proposta pedagógica que problematize as práticas corporais[4] no cotidiano das instituições voltadas à educação de meninos e meninas.

É importante aclarar que as ideias apresentadas, em certo sentido, "jogam lenha na fogueira", pois, com algumas ressalvas, as propostas em vigor denotam concepções de criança, educação, sociedade e práticas corporais bastante afasta-

---

3 A autoria dos diferentes textos foi identificada com o objetivo de facilitar a localização.
4 Neste ensaio, empregamos as expressões "práticas corporais", "manifestações corporais" e "cultura lúdica" para representar todo o universo de brincadeiras, danças, cantigas etc. que povoam o universo infantil.

das dos pressupostos pedagógicos contemporâneos. Muito embora tenhamos discorrido sobre o assunto, fizemo-lo sem qualquer intenção de fornecer caminhos ideais ou a palavra definitiva. Simplesmente oferecemos argumentos que poderão ser considerados pelos educadores no momento da organização e desenvolvimento da sua ação pedagógica.

2. Educação da Infância

A discussão travada por Kramer (2007) sinaliza o paradoxo vivido por todos os profissionais envolvidos com a Educação Infantil. Apesar de disponível um cabedal de conhecimentos sobre a infância, persistem dificuldades para lidar com as populações infantis. O século XX, segundo a autora, foi promissor na produção de teorias que contribuíram para compreender a infância. Recorrendo à historiografia de Philippe Ariès, destaca o entendimento de que as visões que se têm acerca da infância variam conforme o grupo social e o momento histórico. Com base na sociologia de Bernard Charlot, enfatiza o significado ideológico atribuído à infância, o que desencadeia a distribuição desigual de poder entre adultos e crianças. As análises da antropologia favoreceram o conhecimento da diversidade das populações infantis, das práticas culturais que caracterizam as diferenças entre crianças e adultos, bem como brincadeiras, atividades, músicas, histórias, valores e significados. E, finalmente, Kramer chama a atenção para os estudos de Neil Postman que apontam o desaparecimento da infância, desencadeado pela socialização infantil no mundo da informação adulta, potencializada pelos veículos de comunicação de massa, pela entrada precoce no mundo do trabalho e pela submissão de crianças mediante ações violentas, o que contribui para sua "expulsão do jardim da infância".

Os argumentos reunidos, como se observa, questionam a universalização da concepção moderna de infância elaborada a partir dos referenciais da criança burguesa, mencionando critérios etários e dependência dos adultos. A autora coloca em xeque a conhecida taxonomia comportamental tão propagada nos anos 1970.

No Brasil, assim como em tantos países marcados pela desigualdade social, conclama a importância de considerar a grande variedade de experiências culturais em que se inserem as crianças pertencentes aos grupos minoritários e sem poder, marcados por histórias de opressão e desfavorecimento, tais como as crianças das comunidades indígenas, habitantes de zonas urbanas e rurais, as que convivem em grupos familiares organizados de diferentes maneiras, educadas em diferentes religiões etc. Kramer enxerga as crianças como sujeitos sociais e históricos influenciados pelas contradições da sociedade em que vivem. Crianças são cidadãs, pessoas detentoras de direitos, que produzem cultura e nela são produzidas.

O termo cultura, tão presente nos documentos analisados, é debatido amplamente no texto de Moreira e Candau (2007). Cultura se refere à dimensão simbólica presente nos significados compartilhados por determinado grupo. Cultura é aqui concebida como prática social, não como coisa ou estado de ser. Nesse enfoque, coisas e eventos do mundo natural existem, mas não apresentam sentidos intrínsecos: os significados são atribuídos a partir da linguagem. "Quando um grupo compartilha uma cultura, compartilha um conjunto de significados construídos, ensinados e aprendidos nas práticas de utilização da linguagem" (p. 27).

O aceite dessa noção permite-nos compreender as crianças como sujeitos históricos, inseridos em determinados grupos sociais e por seu intermédio interagem de diversas maneiras com uma produção simbólica influenciada pela classe, etnia, gênero, local de moradia, ocupação profissional dos familiares, religião e demais marcadores que configuram um grupo social específico. É em meio a esse contexto que as crianças atuam, participam, aprendem, inventam, criam, reproduzem e produzem cultura. A cultura infantil é, pois, produção e criação. As crianças produzem e são produzidas na cultura em que se inserem e que lhes é contemporânea. O percurso de vida de cada criança até seu ingresso na escola é profundamente influenciado, ao menos na maioria dos casos, pelo ambiente familiar e doméstico. Neste âmbito, um determinado conjunto de conhecimentos é socializado e certas interpretações sobre o mundo são acessadas.

Esse processo, todavia, não se dá passivamente. Ao interagir com cada artefato cultural, a começar pela linguagem, a criança apreende determinados conteúdos e sobre eles constitui o seu próprio olhar, transformando-os constantemente e se transformando em função deles. O mesmo ocorre quando atua sobre as produções midiáticas, objetos culturais da sociedade mais ampla ou experiências pedagógicas que lhe são disponibilizadas.

A brincadeira, a dança, a mímica, a fala, a música, a arte e todas as formas de expressão conhecidas e com as quais as crianças se envolvem devem ser compreendidas como produtos culturais aprendidos, ressignificados e construídos pelas crianças, ou seja, componentes do repertório da cultura infantil, aquilo que as distingue dos outros grupos, que delimita sua singularidade.

É na singularidade e não na padronização de comportamentos e ações que cada sujeito, nas suas interações com o mundo, vai tecendo os seus conhecimentos (Corsino, 2007). Esse pressuposto traz um grande desafio aos professores, o de observar o que e como cada criança está significando nesse processo de interação. O olhar sensível para as produções infantis permitirá conhecer os interesses das crianças, os conhecimentos que estão sendo apropriados por elas, assim como os significados do grupo social em que estão imersas. A partir daí, será possível desenvolver um trabalho pedagógico que hibridize os diversos patrimônios culturais que adentram a instituição escolar com aquele nela presente. À escola cabe elaborar currículos e práticas pedagógicas que tomem como pressuposto a condição de cada criança enquanto sujeito cultural em constante produção e reconstrução.

Tendo em vista o cotidiano no qual se encontram as crianças que frequentam (ou não) as instituições educativas, é fundamental que os professores discutam, nos diversos espaços coletivos da escola (reuniões pedagógicas, assembleias com a comunidade, conselhos de escola etc.), os direitos humanos, a violência praticada contra/por crianças e seu impacto nas atitudes dos adultos, em particular dos educadores, as relações entre adultos e crianças etc.

O estabelecimento dessa espécie de relação político-pedagógica expressará a crítica a uma cultura em que seus membros não se reconhecem. Reencontrar o sentido de solidariedade e restabelecer com as crianças laços de caráter afetivo, ético, social e político exigem a revisão do papel que tem sido desempenhado pelas instituições educativas. Uma das formas de alcançar esse objetivo é a adoção de uma postura que potencialize e valorize as falas dos educadores e educandos, ou seja, que se valorizem as narrativas (Kramer, 2007).

A autora chama a atenção para a extinção da narrativa na atualidade. A experiência foi definhando, sendo reduzida a vivências, como estratégia de reação aos choques da vida cotidiana. Experiência e narrativa ajudam a compreender processos culturais e seus impasses. Mais do que isso, além de reinventar antigas práticas sociais com as crianças, abrem espaço para que todos possam falar do que vivem, viveram, assistiram, enfrentaram.

É importante que crianças e adultos possam relatar suas experiências sociais, submetendo-as a análises dos demais para que seja possível melhor refletir sobre elas. Ouvir as opiniões dos companheiros e comentar as situações vividas pelos colegas possibilitará a coletivização das vidas, a atribuição de significados individuais e grupais, o compartilhamento das sensações e impressões pessoais e o estabelecimento de diferentes perspectivas de análise e crítica (Kramer, 2007). É justamente nesse ponto que os conhecimentos científicos poderão ser chamados à baila, constituindo-se em outras narrativas possíveis, sem qualquer espécie de hierarquização.

O que se está a defender é uma ação didática que encarne a pedagogia como formação cultural, na qual se favoreça a experiência com o conhecimento científico e com a cultura, entendida tanto na sua dimensão de produção nas relações sociais cotidianas quanto como patrimônio historicamente acumulado disponível diferentemente aos diversos grupos que coabitam a sociedade. Essa concepção do *lócus* pedagógico ajuda a pensar sobre a educação da infância em suas dimensões políticas, éticas e estéticas. Parafraseando Kramer (2007), a pedagogia, enquanto prática social, inclui o conhecimento científico, a arte e a vida cotidiana.

Numa visão pragmática, a escola precisa reconhecer e valorizar os elementos que constituem as culturas infantis. Se recordarmos que a dança, a mímica, a música, a brincadeira e as demais práticas corporais representam formas de expressão criadas pelos homens e mulheres como possibilidades diferenciadas de dialogar com o mundo, sobrarão razões para incluí-las, com dignidade, no cotidiano escolar. Essas diferentes significações materializam a linguagem corporal infantil e, segundo Borba e Goulart (2007), configuram-se em oportunidades de criação, transgressão, formação de sentidos e significados que fornecem aos sujeitos, autores ou contempladores, novas formas de inteligibilidade, comunicação e relação com a vida, reproduzindo-a e tornando-a objeto de reflexão.

Há que ressaltar, contudo, que uma proposta que simplesmente ensine brincadeiras, canções, danças etc. pertencentes à cultura escolar ou ao patrimônio adulto não garantirá às crianças esse direito. Trata-se, na verdade, de entrecruzar a cultura erudita, a cultura de outros grupos, de outras épocas etc. com a diversidade cultural infantil acessada pela experiência paralela à escola, ou seja, o repertório disponível às crianças de cada comunidade, mesmo antes da matrícula escolar.

A ausência desse patrimônio na escola, consentida ou não, pode ser traduzida pela pouca relevância histórica que lhe foi atribuída. É o que costuma ocorrer com as práticas corporais específicas das comunidades ribeirinhas e rurais, da comunidade negra, as canções ouvidas no ambiente doméstico, os brinquedos que representam os personagens dos desenhos infantis, as bonecas e bonecos elaborados artesanalmente, os jogos que os familiares ensinam, as brincadeiras inventadas pelas crianças, entre outros. Todas, sem exceção, experiências profundamente vinculadas às culturas infantis, conforme o contexto em que vivem as crianças. Favorável à sua inclusão no currículo, Gomes (2007), no texto de sua autoria, salienta a importância da reeducação do olhar dos sujeitos da educação. Os educadores devem enfrentar o desafio de rever o ordenamento curricular e as práticas pedagógicas e perceber que uma concepção monológica de conhecimento excluirá certos grupos e, sobretudo, refletirá determinada visão das crianças.

O foco na criança, alerta Corsino (2007), não significa adotar uma postura de subordinação do trabalho às suas vontades ou restringir as experiências educacionais ao seu universo sociocultural, como se fosse possível aprender sem estabelecer relações com as experiências proporcionadas pela cultura. O debate atual em torno da necessidade de incluir o patrimônio cultural infantil no currículo caminha na direção não apenas das questões relativas ao acesso e à apropriação da produção existente, como também da organização da escola como espaço de criação.

3. Currículo

A reflexão sobre o currículo está instalada nas diversas esferas envolvidas com o debate educacional: do Ministério de Educação até as escolas, passando pelas Secretarias de Educação estaduais e municipais. Basta observar o movimento que, desde a promulgação da Lei de Diretrizes e Bases da Educação Nacional (LDB) n. 9.394/96, culminou com a publicação de parâmetros, referenciais, propostas e orientações curriculares de todos os matizes. Não há dúvidas de que o currículo transformou-se em tema central nos debates da academia, dos setores governamentais e instituições voltadas para a formação docente; porém, resta saber como essas discussões têm sido recebidas pelos profissionais que atuam nas escolas.

As formas de trazer o currículo para o cotidiano profissional constituem uma das preocupações presentes no texto elaborado por Arroyo (2007), para quem tal ação é cotidianamente posta em prática mediante o trabalho coletivo dos educadores. O planejamento em grupo vem se tornando um estilo de trabalho com tendências à generalização. Individual ou coletivamente, os docentes reveem com alguma frequência os conteúdos de ensino e suas ações educativas. Com as equipes gestoras das escolas, eles escolhem e planejam prioridades e atividades, reorganizam os conhecimentos e, dessa forma, intervêm na construção dos currículos.

Não obstante, Silva (1999) recorda-nos que todo currículo é uma construção social, ou seja, ele não surge do nada. Sua elaboração ou modificação sofre influências dos pressupostos teóricos que fundamentam os conhecimentos a serem ensinados e que subsidiam a ação pedagógica; dos setores externos à escola, como a academia ou políticas oficiais das secretarias de educação; dos interesses e motivações da sociedade mais ampla; dos saberes docentes; das aproximações ou distanciamentos com relação a práticas e conteúdos, concepções de aprendizagem, comunidade, escola e sociedade e, por fim, o currículo também é influenciado pelas crianças ao considerar suas representações sobre a vida, relações, conhecimentos e o papel que a escola assume em seus projetos pessoais.

O currículo compreende o cotidiano da escola com seus conteúdos, hierarquias, cargas horárias, tempos e espaços, relações entre estudantes, docentes e demais atores da instituição, diversificação que se estabelece entre os professores, atividades propostas, materiais empregados, organizações da rotina escolar, falas, atitudes adotadas no interior da instituição, critérios de avaliação, ou seja, tudo o que ocorre numa instituição educativa ou a partir dela, como atividades extra-aula, lições de casa, entre outras.

Moreira e Candau (2007), em seus escritos, enfatizam que é por intermédio do currículo que as "coisas" acontecem na escola. No currículo sistematizam-se os esforços pedagógicos. O currículo é, em outras palavras, o coração da escola, o espaço central em que atuam os docentes, o que os torna responsáveis por sua elaboração. O papel dos educadores no processo curricular, como consequência, é fundamental. Eles são os grandes artífices, queiram ou não, da construção dos currículos que se materializam nas salas de aula. Daí a necessidade de garantir, na escola, constantes discussões e reflexões sobre o currículo. Daí a obrigação, como profissionais da educação, de participar crítica e criativamente na elaboração de currículos mais atraentes, mais democráticos, mais fecundos, que sejam acessíveis e nos quais todos os atores educacionais se sintam representados.

Os educandos, sujeitos também centrais na ação educativa, são influenciados pelos conhecimentos aprendidos, pelas lógicas de organização da tarefa escolar, tudo o que se diz ou se demonstra sobre eles e, também, pelos conhecimentos, valores, práticas sociais etc. que não são mencionados. Isto significa que a ausência de determinados conhecimentos no currículo também influencia a formação de identidades.

Arroyo (2007) explicita a existência de uma relação direta entre as formas como se estruturam os currículos e os processos de conformação dos diversos protótipos esperados de cidadão ou cidadã. As formas do currículo têm sido as formas em que os protótipos legitimados, tanto de docente quanto de estudante, foram conformados e são reproduzidos. O currículo vem conformando os sujeitos da ação educativa – docentes, alunos e alunas. O currículo conforma suas vidas, produzindo identidades sociais e escolares, como quem será bem-sucedido, fracassado, escolhido, repelido, aplaudido ou ridicularizado.

Gomes (2007) apoia-se em D'Adesky (2001) para explicar o processo de construção identitária. A identidade se constrói em determinado contexto histórico, social, político e cultural. Para tal, pressupõe uma interação. A ideia que um indivíduo faz de si mesmo, de seu "eu", é intermediada pelo reconhecimento obtido dos outros em decorrência de sua ação. Nenhuma identidade é construída no isolamento. Ao contrário, ela é negociada ao longo da vida por meio do diálogo, parcialmente exterior, parcialmente interior, com os outros. Tanto a identidade pessoal quanto a identidade social são formadas em diálogo aberto. Elas dependem de maneira vital das relações dialógicas com os outros.

Atentos a isso, muitos coletivos docentes têm experimentado currículos, também, a partir do olhar e da escuta dos educandos. Verificam-se novas sensibilidades nas escolas e na docência com relação a esse aspecto. Muitos docentes adotam pedagogias mais participativas, reconhecendo as crianças como sujeitos da ação educativa. Nessa lógica, quando alunos e alunas interferem, sugerem, questionam e opinam, suas posições, conhecimentos, saberes e práticas sociais adentram a escola, modificando, gradativamente, sua ecologia.

As crianças não são apenas fruto da educação formal, nem dos currículos. Um universo de experiências culturais corrobora a construção de suas identidades. Os elaboradores e executores dos currículos também atribuem determinadas identidades às crianças que frequentam a escola a partir de um emaranhado de situações. A partir delas, ensina Arroyo (2007), os currículos trabalham, reforçando-as ou desqualificando-as. As crianças possuem determinadas identidades de classe, etnia, gênero, território, campo, cidade e periferia, divulgadas e reconstruídas com base na cultura social. Sobre essas identidades, constituem-se as concepções de aluno e aluna, definem-se as funções para cada escola e priorizam-se determinados conteúdos, enquanto outros são secundarizados. Portanto, os currículos não são neutros. São fortemente influenciados pela pluralidade de identidades socialmente construídas que configuram a matéria-prima com a qual são arquitetados.

Se as identidades sociais são o pano de fundo dos currículos, convém questionar quem a escola quer formar e em que medida a diversidade que marca a sociedade brasileira atual encontra-se presente nos conteúdos e práticas da educação da infância. As concepções de infância que norteiam as ações docentes são universalistas e pertencentes à criança burguesa ou as peculiaridades de cada comunidade e cada criança são consideradas? As teorias da aprendizagem mobilizadas durante a elaboração das atividades consideram ou não as características e os tempos de cada criança? Os conteúdos são selecionados tendo em vista a formação de uma "criança ideal" ou os conhecimentos pertencentes à cultura paralela à escola são considerados?

Na teorização curricular mais recente, as preocupações dos pesquisadores têm-se concentrado nesse ponto, isto é, nas relações entre currículo e cultura. Retornamos ao texto de Moreira e Candau (2007, p. 20), quando recorrem às palavras de Hall (1997, p. 97) para elucidar as razões dessa polarização:

> Por bem ou por mal, a cultura é agora um dos elementos mais dinâmicos – e mais imprevisíveis – da mudança histórica no novo milênio. Não deve nos surpreender, então, que as lutas pelo poder sejam, crescentemente, simbólicas e discursivas, ao invés de tomar, simplesmente, uma forma física e compulsiva, e que as próprias políticas assumam progressivamente a feição de uma política cultural.

Hall afirma a impossibilidade de negar a pluralidade cultural da sociedade contemporânea, que se manifesta de forma impetuosa pelas relações de poder em todos os espaços sociais, incluindo as escolas e as salas de aula. A multiplicidade cultural que povoa o universo pedagógico frequentemente acarreta confrontos e conflitos entre as culturas infantis que chegam à escola e as culturas docente e escolar que nela buscam perpetuar-se, "tornando cada vez mais agudos os desafios a serem enfrentados pelos profissionais da educação" (Moreira; Candau, 2007, p. 21).

Ao obstaculizar aquelas práticas homogeneizantes mais tradicionais, tal pluralidade propicia o enriquecimento e a renovação das possibilidades de atuação pedagógica, uma vez que a ação didática comprometida com a diversidade inevitavelmente considera as diferenças de ritmos e de estilos de aprendizagem e cria oportunidades mais igualitárias para todos. Certamente por isso, Stoer e Cortesão (1999) tenham insistido no fato de que, antes de apresentar um empecilho ao currículo, a diversidade cultural o enriquece.

Há que dizer, no entanto, que o encontro de diferentes culturas na escola e no currículo não se dá sem conflitos e resistências. Pautados por Silva (1999), Moreira e Candau (2007) enxergam o currículo como espaço em que se concentram e se desdobram as lutas em torno dos diferentes significados sobre o social e sobre o político. É por meio do currículo que certos grupos sociais, especialmente os dominantes, expressam sua visão de mundo, seu projeto social, sua "verdade". O currículo representa, assim, um conjunto de práticas que propiciam a produção, circulação e consumo de significados no espaço social e que contribuem, intensamente, para a construção de identidades sociais e culturais. O currículo é um campo de lutas no qual se tenta impor tanto a definição particular de cultura de dado grupo quanto o conteúdo dessa cultura. O currículo é um território em que se travam ferozes competições em torno dos significados. "O currículo não é um veículo que transporta algo a ser transmitido e absorvido, mas sim um lugar em que ativamente, em meio a tensões, se produz e se reproduz a cultura" (Moreira; Candau, 2007, p. 28).

Salientam os autores que, no currículo, evidenciam-se esforços tanto para consolidar as situações de opressão e discriminação a que certos grupos sociais têm sido submetidos quanto para questionar os arranjos sociais que sustentam essas situações. Sendo assim, no processo curricular, distintas e complexas têm sido as respostas dadas à diversidade e à pluralidade que marcam o panorama cultural contemporâneo.

Na visão de Gomes (2007), trabalhar com a diversidade na escola não é um apelo romântico do início do século XXI. Na realidade, a cobrança hoje feita em relação à forma como a escola lida com a diversidade no seu cotidiano, no seu currículo e nas suas práticas faz parte de uma história mais ampla. Tem a ver com as estratégias por meio das quais os grupos humanos considerados diferentes passaram cada vez mais a destacar politicamente as suas singularidades, cobrando que essas sejam tratadas de forma justa e igualitária, desmistificando a ideia de inferioridade que paira sobre algumas dessas diferenças socialmente construídas e exigindo que o elogio à diversidade seja mais do que um discurso sobre a variedade, configurando-se como prática social.

Por isso, sinaliza a autora, a inserção da diversidade nos currículos implica compreender as causas políticas, econômicas e sociais de fenômenos como o preconceito e a exclusão. Falar sobre diversidade e diferença implica posicionar-se contra processos de colonização e dominação. Trata-se de perceber como, nesses contextos, algumas diferenças foram naturalizadas e inferiorizadas, sendo, portanto, tratadas de forma desigual e discriminatória; entender o impacto subjetivo desses processos na vida dos sujeitos sociais e no cotidiano da escola e incorporar, no currículo, os saberes produzidos pelas diversas áreas e ciências, articulados com os saberes produzidos pela comunidade.

Quando se coloca a ênfase na criação de currículos com tais princípios, está-se a afirmar a crença de que todas as crianças possuem um patrimônio cultural que precisa ser reconhecido, socializado e ampliado pela escola. Com essa postura, a educação, como instrumento de justiça social, contribuirá enormemente para o aprofundamento da democracia.

4. Proposições

A partir das "concepções" de educação da infância e de currículo desveladas pela análise dos documentos oficiais, apresentamos a seguir algumas reflexões acerca da elaboração de uma proposta de Educação Física para a educação da infância e, com base nessas ideias, na sequência, sugerimos encaminhamentos que poderão compor a prática pedagógica do componente.

4.1. Por uma Pedagogia Cultural para a Educação Física

Qualquer pessoa que adentre uma escola de Educação Infantil ou dos anos iniciais do Ensino Fundamental deparará com um sem-número de práticas corporais como danças, mímicas, brincadeiras, cantigas, entre outras, que comumente ocorrem no pátio ou nos corredores. E por que isso acontece? Ora, essas manifestações culturais são formas de expressão da vida e da realidade variada em que vivem as crianças. Como artefatos culturais, as práticas corporais comunicam valores, expressam sentimentos, cultuam subjetividades e significados, ou seja, contribuem para a constituição da identidade dos sujeitos.

Apesar disso, Borba e Goulart (2007) denunciam que a escola prioriza outro tipo de linguagem – aquela vinculada aos usos escolares e que serve à reprodução de determinados conteúdos mediante sua transmissão, repetição e avaliação. Enquanto nos momentos livres ou fora da escola as crianças empregam outras linguagens para ler e dizer coisas sobre si e sobre o mundo, nas tarefas escolares encontram-se cercadas não apenas pelas amarras de uma única forma de expressão, mas, também, pela previsibilidade dos sentidos possíveis.

Para Richter e Vaz (2005), descobrir outras linguagens, estabelecer formas não danificadas de interação com as crianças e recriar o tempo e o espaço dos ambientes educacionais são desafios postos para a educação da infância. Como alternativa, sugerem que a Educação Física se ocupe do debate e da reflexão acerca das manifestações corporais, de modo que possa contribuir para uma formação humana comprometida com a desbarbarização da educação e revele novos gestos de aproximação corporal e estética, outras possibilidades de ação, de comunicação consigo, com o mundo e com o outro.

Quando a linguagem corporal é reconhecida como modo de expressão e comunicação, torna-se necessário rever as práticas educativas da Educação Física. É urgente compreender o espaço pedagógico do componente como *lócus* de apropriação da variedade de formas pelas quais a cultura lúdica se expressa. Ou seja, as atividades de ensino precisam contribuir no sentido de alargar a compreensão que as crianças possuem acerca da realidade em que vivem e de abrir caminhos para uma participação mais intensa no mundo. Participação que se faz pela interpretação, criação e transformação da sua linguagem corporal original e pela interpretação e ressignificação das diversas linguagens corporais manifestas pelos outros grupos que habitam a sociedade (Neira, 2007).

Veja-se o exemplo do conhecimento produzido por meio da gestualidade inerente à dança. Compreender e expressar a realidade por meio da dança mobiliza a sensibilidade, imaginação e criação; ajuda a perceber que existem diferentes sistemas de referência do mundo que se abrem para muitos sentidos possíveis ao se conectarem com os sujeitos, suas histórias e experiências singulares. Nesse sentido, deve-se propiciar às crianças uma variedade de manifestações rítmicas que provoquem a imaginação, a fantasia, a reflexão e a crítica.

Tais práticas devem mobilizar o diálogo das crianças com a pluralidade de produções, com diferentes modalidades de dança e modos de expressão, e encorajá-las a brincar com os gestos, com o próprio corpo e com o corpo dos demais, a buscar novos sentidos, novas combinações e novas emoções para que possam se constituir como autoras de suas ações corporais e modos de pensar.

Esses conceitos explicitam determinada concepção de Educação Física. Sem desprestigiar as demais perspectivas presentes na área, o que se apresenta aqui é uma visão de ensino, por isso, pedagogia, alicerçada num entendimento da escola enquanto espaço de apreensão, ressignificação e ampliação cultural. Está-se, portanto, a defender, uma pedagogia cultural para o componente.

As práticas corporais, tendo em vista sua característica expressiva, permitem a percepção de que é a cultura que proporciona a gênese, a incorporação, a ressignificação e a socialização das diversas formas de manifestação. Como exemplo, as cantigas de roda que, no decorrer da Idade Média, apresentavam-se como ocasião para flerte e galanteio entre jovens adultos, gradativamente foram alocadas como produtos culturais característicos do universo infantil. Algo semelhante aconteceu com a amarelinha, a queimada e tantas outras brincadeiras.

É também por meio dessas produções culturais que homens e mulheres estabelecem uma relação comunicativa com a sociedade. Isso implica o entendimento da cultura como um texto a ser lido e, portanto, interpretado. A gestualidade presente e característica de cada prática corporal, segundo Neira e Nunes (2006), configura um texto passível de leitura e interpretação. Esses textos são meios de comunicação com o mundo, constituintes e construtores de cultura.

Na escola, portanto, não há razão para que determinadas práticas corporais prevaleçam sobre outras, afinal, inexistem brincadeiras, danças, cantigas etc. melhores ou piores. Em uma sociedade marcada pela diversidade cultural, uma Educação Física que se avente democrática deverá proporcionar condições para que se possa romper com o circuito perverso que impõe padrões, exclui os corpos e as culturas corporais diferentes e que, ao tentar alcançar referências hegemônicas, fracassa em razão da trajetória cultural diferenciada dos sujeitos que frequentam a escola.

O que se está a propor é uma ação educativa que promova a análise das relações de poder embutidas nas práticas corporais e nas formas como as instituições sociais modelam representações favoráveis, ou não, a determinados grupos. Veja-se, por exemplo, como o currículo de algumas escolas exalta algumas brincadeiras e desqualifica outras. Nesses casos, o mais comum é o privilégio das experiências corporais pertencentes aos setores dominantes, em detrimento daquelas que compõem a experiência cultural dos grupos em desvantagem. Diante disso, defendemos uma Educação Física que questione o porquê não só do seu aprisionamento silencioso em uma cultura hegemônica, como, também, de sua cumplicidade. Para tanto, é preciso organizar situações didáticas que incitem uma profunda compreensão sócio-histórica-política concernente às manifestações corporais; ou seja, não basta brincar, dançar e cantar. É importante reconhecer o que se está brincando, dançando e cantando, e quem produziu essas brincadeiras, danças e cantigas.

Brincadeiras, danças e cantigas, conforme Wiggers (2005), fazem parte daquilo que se convencionou chamar de cultura corporal infantil. Como produto cultural de determinado grupo, e fator distintivo das suas gentes, é possível afirmar que essas práticas corporais constituem-se, antes de qualquer coisa, em um fator de identidade cultural. É por meio de uma pedagogia cultural, aqui afirmada como uma Educação Física pós-crítica, que os sujeitos terão oportunidade de conhecer mais profundamente o seu próprio repertório corporal, ampliando-o e compreendendo-o, como também poderão acessar alguns códigos de comunicação presentes em outras culturas por meio da variedade de formas de manifestações corporais nelas presentes.

Em síntese, a compreensão do contexto histórico da gênese das manifestações corporais que as crianças constroem na cultura paralela à escola permitirá elucidar as relações sociais que determinaram sua estrutura seletiva, os aspectos que escondem a dominação de um grupo sobre outro e as formas de regulação que contribuem para a manutenção da hegemonia dos grupos dominantes. Uma ação didática organizada segundo esse princípio possibilitará a leitura crítica dos modos como os grupos dominantes definem a realidade. O que se propõe é a leitura e interpretação do gesto, do signo cultural e dos códigos que constituem as práticas da cultura corporal dos diversos grupos sociais que compõem a sociedade e coabitam a escola.

4.2. Sobre a prática pedagógica

Considerando o atual *status* da Educação Física como componente curricular que valoriza sua práxis e se insere no Projeto Pedagógico de uma escola comprometida com a socialização e ampliação crítica do universo cultural dos estudantes, a perspectiva cultural contribui com o esforço coletivo de construir uma prática pedagógica voltada para a transformação social, ao formar sujeitos que reconheçam, valorizem e dialoguem com a multiplicidade identitária que coabita a sociedade. Além de permitir a reflexão crítica da realidade, espera-se que as atividades de ensino se constituam como um canal privilegiado de produção de cultura, em que os sentimentos, a criatividade, o lúdico e o patrimônio sócio-histórico relacionado à corporeidade de todos os grupos sociais sejam contemplados e respeitados.

Para o alcance desse objetivo, a Educação Física deve garantir às crianças a problematização do patrimônio cultural corporal existente por meio da experimentação das variadas formas com as quais ele se apresenta na sociedade, analisar os motivos que levaram determinados conhecimentos acerca das práticas corporais à atual condição privilegiada, como também refletir sobre os saberes alusivos à corporeidade veiculados pelos meios de comunicação de massa ou produzidos e reproduzidos pelos grupos culturais historicamente desprivilegiados.

Com essa postura, são consideradas temáticas de ensino todas as manifestações corporais da cultura lúdica que as crianças conhecem e não conhecem, desde as brincadeiras vivenciadas no ambiente doméstico até as danças folclóricas e urbanas, os videogames, entre tantas outras. Evidentemente, essas finalidades implicam uma busca permanente pela explicitação das possibilidades e limites oriundos da realidade enfrentada pelos cidadãos no seu cotidiano e que condiciona e determina a construção, permanência e transformação das manifestações da cultura corporal.

Para que a experiência escolar proporcione condições que levem as crianças a assumir a posição de atores da transformação social e contribuir com a construção de uma sociedade mais democrática e justa, a prática pedagógica da Educação Física deverá articular-se ao contexto de vida comunitária; apresentar condições para que sejam experimentadas e interpretadas as formas como a cultura corporal é representada na sociedade mais ampla; ressignificar essas práticas corporais conforme as características do grupo; aprofundar e ampliar de todas as maneiras possíveis os conhecimentos das crianças a respeito desse patrimônio. Ensinar Educação Física, então, é um ato dinâmico e permanente de conhecimento centrado na descoberta, análise e transformação da realidade por aqueles que a vivenciam.

O que se almeja é uma pedagogia que considere o contexto da comunidade escolar, e, por conseguinte, as diferenças existentes entre as crianças para, a partir delas e dos saberes culturais construídos fora dos muros escolares, desenvolver condições de equidade sociocultural. Em outras palavras, a existência e prevalência de manifestações corporais adequadas ou inadequadas à infância, consequências de um modelo cultural hegemônico, precisam ser questionadas e pedagogicamente substituídas em nome da diversidade cultural presente na escola e consoante os princípios maiores de direito à diferença e à multiplicidade cultural tão ressonantes na contemporaneidade.

Se concordarmos com a premissa de que numa sociedade plural e democrática a escola deva buscar novos elementos para proporcionar aos alunos a relação entre o conhecimento popular e o científico, o currículo da Educação Física deve promover uma compreensão sócio-histórica-política das manifestações da cultura corporal, visando alcançar uma participação mais intensa e digna na esfera social. Para tanto, as atividades de ensino deverão contemplar experiências que viabilizem tanto a prática das manifestações corporais presentes no universo cultural próximo e afastado quanto a reflexão crítica acerca das diversas formas de representação cultural veiculadas pelas brincadeiras, danças, mímicas, cantigas etc., e oferecer a cada criança a oportunidade de posicionar-se como produtora de cultura corporal. O que se pretende é proporcionar a enunciação, por meio da tematização das manifestações corporais, da voz de várias culturas infantis no tempo e no espaço – família, bairro, cidade, estado, país, internacional, sulista, nortista, nordestina, urbana, rural, afro, indígena, imigrante e tantas outras que coabitam a sociedade brasileira contemporânea, além de problematizar as relações de poder presentes nas questões de gênero, etnia, religião, classe, idade, consumo, local de moradia, tempo de escolarização, ocupação profissional etc. que costumeiramente marcam as práticas corporais (Neira; Nunes, 2010).

O cerne da questão é compreender a importância de possibilitar às crianças e aos professores o contato e a intimidade com a cultura corporal da comunidade mais próxima, como também com aquela pertencente a outros grupos, e, dessa forma, abrir caminhos para a experiência cultural, provocando novas formas de sentir, pensar, compreender, dizer e fazer. Em síntese, significa promover o encontro respeitoso dos sujeitos com diferentes formas de expressão e de compreensão da vida.

Quando o sujeito entra em contato com as práticas corporais de outros indivíduos ou grupos, vivencia uma relação interpretativa movida pela busca de compreensão de seu significado. Segundo Corsino (2007), a pessoa que aprecia um produto cultural, seja ela criança, seja adulto, dialoga com ele, com seu autor e com o contexto em que ambos estão referenciados. Relaciona-se com os signos que o compõem, elabora uma compreensão dos seus sentidos, procurando reconstruir e apreender sua totalidade. Nessa relação, articula a experiência nova provocada pelo que vê (de estranhamento, de surpresa, de assombro, de inquietação), com a experiência pessoal acumulada por intermédio da interação com outros produtos culturais, conhecimentos apropriados nas práticas sociais vivenciadas nos espaços familiares, escolares, comunitários etc., trazendo o seu ponto de vista para completar sua interpretação. A contemplação é um ato de criação, de coautoria. Aquele que aprecia algo continua a produção do autor ao tomar para si o processo de reflexão e compreensão.

No contexto pedagógico, a apreciação como ato de criação, e não como atitude passiva ou olhar conformado que apenas reproduz, é acompanhada de uma ressignificação, de uma apropriação. As crianças precisam ser incitadas a falar sobre, mover-se a partir de, construir e experimentar as práticas corporais, bem como acessar e analisar referências externas, narrativas, posicionamentos e artefatos culturais que divirjam do repertório inicial, mas que conduzam a uma intimidade com o diferente.

Intimidade que, para Borba e Goulart (2007), permite a apropriação de outras histórias, características, sentidos, e produz o reconhecimento do prazer e do significado dessa relação. Intimidade que constrói o olhar que ultrapassa o cotidiano, colocando-o em outro plano, transgredindo-o, construindo múltiplos sentidos, leituras e formas de compreensão da vida. O olhar aguçado pela sensibilidade, pela emoção, pela afetividade, pela imaginação, pela reflexão, pela crítica. Olhar que indaga, rompe, quebra a linearidade, ousa, inverte a ordem, desafia a lógica, brinca, encontra incoerências e divergências, estranha, admira e se surpreende, para então estabelecer novas formas de ver o mundo.

Não há como se constituírem autores e autoras críticos e criativos se não for acessada uma pluralidade de referências com liberdade suficiente para opinar, criar relações, construir sentidos e conhecimentos. A ampliação das experiências pedagógicas pelas quais se produz e reproduz a cultura, fazendo circular diferentes conhecimentos acerca das manifestações corporais, é base fundamental para o processo de criação, pois alarga o acervo de referências relativas às características e ao funcionamento de cada prática corporal, bem como amplia a rede de significados e modos diferenciados de comunicabilidade e compreensão por meio da linguagem corporal.

O trabalho pedagógico com as manifestações corporais parte do princípio de que a criança, desde bem pequena, possui infinitas possibilidades para o desenvolvimento de sua sensibilidade e de sua expressão. Em razão disso, é importante que vivencie situações didáticas em que possa ver, reconhecer, sentir e imaginar as diversas manifestações da cultura corporal, atuando sobre elas. É fundamental que conheça as produções de diferentes épocas e grupos sociais, tanto as pertencentes à cultura popular quanto as consideradas da cultura erudita.

Essas considerações reverberam as ideias de Sayão (2002), quando afirma que construir e reconstruir os aspectos que norteiam a cultura corporal infantil é de suma importância. Cabe aos educadores, empaticamente, fazer a leitura das linguagens infantis, colocando-se corporalmente disponíveis para compreenderem seus sentidos e significados. Isso passa pela superação de algumas barreiras culturalmente impostas e que contribuíram para a configuração de uma cultura adulta que repele a brincadeira, o toque e a sensibilidade corporal.

Ao incluir atividades de mapeamento, vivência, ressignificação, ampliação e aprofundamento no tocante às manifestações corporais, o currículo da Educação Física favorece a construção de identidades democráticas, por meio da troca entre crianças, da aceitação das diferenças e do reconhecimento do outro. Os indivíduos se reconhecem e se diferenciam a partir do outro, por isso as atividades devem permitir que todas as crianças possam participar, se divertir e aprender, independentemente das características individuais. É importante que os educadores tenham como princípio norteador a convivência social inclusiva, que incentivem e promovam a criatividade, a solidariedade, a cidadania e o desenvolvimento de atitudes de coletividade (Corsino, 2007).

Uma pedagogia cultural da Educação Física assegura práticas pedagógicas que permitem a realização de atividades variadas: relatos orais e escritos, demonstrações, vivências corporais, rodas de conversa, experimentação, assistência a vídeos, audiência a ritmos, músicas, entrevistas, depoimentos, análise de imagens, fotografias, visitas aos locais onde as práticas corporais ocorrem etc. É importante, também, que o cotidiano seja pleno de atividades de produção tais como verbalização das opiniões, socialização das descobertas, organização de apresentações para os colegas da turma, escola ou comunidade, comunicação de informações obtidas no interior da escola ou fora dela, entre outras. Paralelamente, as crianças devem ser encorajadas a pensar, discutir e conversar sobre as práticas corporais, o que lhes permitirá a tomada de posição com relação às experiências próprias e dos outros.

Finalmente, sugere-se a organização de atividades que, partindo das vivências corporais, ampliem o patrimônio cultural alusivo às diferentes esferas do conhecimento: linguagem, ciências sociais e naturais. Para além de vivenciar e intercambiar as manifestações corporais aprendidas na família, comunidade e mídia ou no interior da escola, convém conversar sobre elas, procurar compreendê-las, compará-las com outras já conhecidas e descobrir um pouco mais da sua história e das trajetórias dos grupos que as produziram e reproduziram.

Enfim, somos de opinião que uma ação pedagógica assim conduzida, além de possibilitar que os conhecimentos inicialmente disponíveis às crianças sejam revistos, ampliados e aprofundados pela mediação cuidada e atenta do professor, contribuirá para a formação de sujeitos conhecedores de sua história, orgulhosos das próprias identidades culturais, conscientes da importância do estabelecimento de um diálogo democrático com os diversos grupos que frequentam o mesmo ambiente e do reconhecimento daqueles que, momentaneamente, possam estar mais afastados.

REFERÊNCIAS

ARROYO, M. **Indagações sobre o currículo**: educandos, seus direitos e o currículo. Brasília: Ministério da Educação, Secretaria de Educação Básica, 2007.

BORBA, A. M.; GOULART, C. As diversas expressões e o desenvolvimento da criança na escola. In: BEAUCHAMP, J.; PAGEL, S. D.; NASCIMENTO, A. R. do. (Org.) **Ensino fundamental de nove anos**: orientações para a inclusão da criança de seis anos de idade. Brasília: Ministério da Educação, Secretaria de Educação Básica, 2007.

CORSINO, P. As crianças de seis anos e as áreas do conhecimento. In: BEAUCHAMP, J.; PAGEL, S. D.; NASCIMENTO, A. R. do. (Org.) **Ensino fundamental de nove anos**: orientações para a inclusão da criança de seis anos de idade. Brasília: Ministério da Educação, Secretaria de Educação Básica, 2007.

D'ADESKY, J. **Racismos e anti-racismos no Brasil**: pluralismo étnico e multiculturalismo. Rio de Janeiro: Pallas, 2001.

GOMES, N. L. **Indagações sobre currículo**: diversidade e currículo. Brasília: Ministério da Educação, Secretaria de Educação Básica, 2007.

HALL, S. A centralidade da cultura: notas sobre as revoluções de nosso tempo. **Educação e Realidade**, Porto Alegre, p.15, jul./dez. 1997.

KRAMER, S. A infância e sua singularidade. In: BEAUCHAMP, J.; PAGEL, S. D.; NASCIMENTO, A. R. do. (Org.) **Ensino fundamental de nove anos**: orientações para a inclusão da criança de seis anos de idade. Brasília: Ministério da Educação, Secretaria de Educação Básica, 2007.

MOREIRA, A. F. B.; CANDAU, V. M. **Indagações sobre currículo**: currículo, conhecimento e cultura. Brasília: Ministério da Educação, Secretaria de Educação Básica, 2007.

NEIRA, M. G. Valorização das identidades: a cultura corporal popular como conteúdo do currículo da Educação Física. **Motriz**, Rio Claro, v. 13, n. 2, p. 174-182, set./dez. 2007.

NEIRA, M. G.; NUNES, M. L. F. **Pedagogia da cultura corporal**: crítica e alternativas. São Paulo: Phorte Editora, 2006.

_____. Pedagogia da cultura corporal: motricidade, cultura e linguagem. In: NEIRA, M. G. **Ensino de Educação Física**. São Paulo: Cengage Learning, 2010.

RICHTER, A. C.; VAZ, A. F. Corpos, saberes e infância: um inventário para estudos sobre a educação do corpo em ambientes educacionais de 0 a 6 anos. **Revista Brasileira de Ciências do Esporte**, Campinas, v. 26, n. 3, p. 79-93, maio 2005.

SAYÃO, D. T. Corpo e movimento: notas para problematizar algumas questões relacionadas à Educação Infantil e à educação física. **Revista Brasileira de Ciências do Esporte**, Campinas, v. 23, n. 2, p. 55-67, jan. 2002.

SILVA, T. T. **Documentos de identidade**: uma introdução às teorias do currículo. Belo Horizonte: Autêntica, 1999.

STOER, S. R.; CORTESÃO, L. **Levantando a pedra**: da pedagogia inter/multicultural às políticas educativas numa época de transnacionalização. Porto: Afrontamento, 1999.

WIGGERS, I. D. Cultura corporal infantil: mediações da escola, da mídia e da arte. **Revista Brasileira de Ciências do Esporte**, Campinas, v. 26, n. 3, p. 59-78, maio 2005.

capítulo 6

❖

Gêneros do discurso escolar-científico em salas de aula de Ciências

Dirceu Donizetti Dias de Souza[1]

Agnaldo Arroio[2]

A recente proposta curricular introduzida pela Secretaria da Educação do Estado de São Paulo nas escolas públicas prioriza a competência de leitura e escrita, e ainda define a escola como espaço de cultura e de articulação de competências e conteúdos disciplinares (São Paulo, 2008).

Imediatamente ficam evidenciados nessa proposta os termos Competência – Escrita – Conteúdos Disciplinares, nos quais emergem, sob a perspectiva metodológica do professor, as questões: Qual a maneira de obter a integração entre esses três termos quando se pensa em atividades para inserção nas salas de aula? Como tratar esse desafio na disciplina de Química/Ciências? Como traduzi-lo em situações de ensino-aprendizagem?

O objeto de nosso trabalho se constrói nesse cenário, no qual, em primeiro plano, aparece a cultura cristalizada da prática docente, que muitas vezes atende à própria expectativa do alunado. Essa se situa no jogo do ensino-aprendizagem

---

[1] Licenciado em Ciências, com habilitação em Química, pela Faculdade de Filosofia, Ciências e Letras de São Bernardo do Campo (1985). Mestre em Educação pela USP (2010) e Doutor em Ensino de Ciências pela USP (2013). Professor de Química da SEE/SP. Membro do Grupo de Pesquisa: *Imagem e Som e Educação*. E-mail: dirceufeusp@yahoo.com.br

[2] Professor Livre-Docente em Ensino de Ciências pela Faculdade de Educação – USP. Graduado em Química pela USP (1996), Mestre (1999) e Doutor (2004) pela mesma instituição. Graduado em Imagem e Som (2004) pela UFSCar. Na Pós-Graduação, atua na área temática Ensino de Ciências e Letramento Midiático. Coordenador do Grupo de Pesquisa *Imagem e Som e Educação*. (http://usp-br.academia.edu/agnaldoarroio). E-mail: agnaldoarroio@yahoo.com.

cujos dados se encaminham para soluções acordadas; ou seja, as definições são apresentadas ao estudante e, logo em seguida, é aplicado um conjunto de exercícios de solução algébrica, resolvíveis pelas definições preestabelecidas. Ora, isso permite que a ciência seja frequentemente interpretada como apenas uma sucessão de equações matemáticas, que não possuem nenhuma relação com a vida diária, tornando-se um conhecimento com fim em si próprio.

Como consequência, a ciência é encarada de forma mística, como uma mera sucessão de fatos históricos, com seus símbolos, algoritmos e fórmulas, isenta de disputas e ausente do centro do cenário sócio-histórico argumentativo.

Dessa forma, temas como nanotecnologia, aquecimento global, disposição de lixo sólido, contaminação da água, organismos geneticamente modificados, pesquisas com célula-tronco, aborto, clonagem e outros não encontram ressonância e associação com o que normalmente se estuda no ambiente escolar. Essa visão com certeza não auxilia o estudante em seu processo de inserção na população preparada educacionalmente, apta a aumentar suas possibilidades de analisar e tomar decisões relacionadas à ciência cotidianamente.

Na contramão das práticas culturalmente estabelecidas, caminham os resultados das pesquisas, que apontam para a contribuição das atividades de produção escrita, em especial a escrita associada às operações epistêmicas que, em sua instância máxima, foca a construção do argumento, como uma das possibilidades para aprendizagem e alargamento dessa visão. Essa perspectiva caminha na direção de que os estudantes necessitam de mais oportunidades que os coloquem em contato com aquilo que é central para a comunidade científica na construção do conhecimento, ou seja, situações de aprendizagem que privilegiem a construção do argumento (Sampson; Clark, 2008).

Na esfera educacional, o argumento é entendido como artefato criado por estudantes para explicar fenômenos e construir conhecimento sobre questões de Ciência, Tecnologia e Sociedade (CTS), usando como uma de suas estruturas de sustentação as operações denominadas epistêmicas (Sampson; Clark, 2008).

Operações epistêmicas são aquelas em que os estudantes participam na geração e avaliação do conhecimento, como construir fundamentos, definições, analogias e comparações, modelos, explicações, coletar dados, construir hipóteses, avaliar hipóteses alternativas, relacionar fundamentos com resultados etc. (Jiménez-Alexandre, 2009). São formas específicas em que os membros de uma comunidade propõem, justificam, avaliam e legitimam enunciados de conhecimento (*knowledge claims*) num determinado marco disciplinar, ou, de forma mais ampla, segundo Araujo (2008), essas operações podem ser compreendidas como argumentação, narração, descrição, classificação, generalização etc.

Sob essa perspectiva, elegemos como resposta para as questões formuladas anteriormente, na qual buscávamos alternativas para integrar os termos Competência – Escrita – Conteúdos Disciplinares, a proposta da inserção nas salas de aula de Química/Ciências de um material instrucional mediador, que atua orientando a escrita das operações epistêmicas na construção de gêneros do discurso escolar-científico.

Funcionalmente esse material instrucional vai mediar a elaboração escrita de gêneros do discurso escolar-científico, nos quais intencionalmente foram embutidos componentes do argumento. Esse processo é alimentado principalmente por ações que envolvem práticas experimentais, seja de uma simples atividade de demonstração ou de um projeto mais complexo, pela leitura e pela interpretação e reescrita de conteúdos dos textos didáticos do sistema oficial de ensino.

A opção pelo trabalho com os conteúdos dos textos didáticos do sistema oficial de ensino se deve, principalmente, ao nosso propósito de construir uma possível aproximação entre as atividades de pesquisa e as atividades em contextos reais de ensino, nos quais uma das ferramentas básicas de suporte para o professor e o aluno é o livro didático.

Do ponto de vista analítico o acompanhamento das produções escritas foca a evolução da aprendizagem, inicialmente na perspectiva do domínio dos gêneros discursivos escolar-científicos e, posteriormente, na perspectiva do uso da linguagem escolar-científica e, finalmente, sob a ótica da avaliação do argumento.

No decorrer deste capítulo, faremos a discussão das premissas que sustentam a elaboração dos modelos instrucionais, trazendo nossa perspectiva sob a aplicação de fundamentos teóricos do círculo de Bakhtin. Apresentaremos o nosso material instrucional e apontaremos algumas orientações básicas ao professor para a organização das atividades e execução do ensino com os gêneros do discurso. Contribuiremos com a sugestão de alguns critérios para a avaliação das produções escritas em sala de aula, bem como apresentaremos a possibilidade do uso da estrutura do argumento, segundo o modelo de Toulmin (2006), para o caso de haver a opção por uma análise mais refinada. Finalizando, apresentaremos exemplos reais do cotidiano escolar e algumas implicações na adoção de nossa proposta.

1. Premissas para Elaboração do Material Instrucional

No Ensino Médio brasileiro é possível observar a produção escrita de "trabalhos" como forma de expressão generalizada na escolarização dos saberes científicos.

A produção desses "trabalhos" normalmente é precedida pela interação verbal oral, conduzida geralmente pelo professor, com suas intervenções, patrocinando o desenvolvimento do conteúdo temático. Na sequência, a atividade de produzir o "trabalho" é assumida pelo estudante, com base em pesquisas efetuadas nos livros didáticos, apostilas ou na rede mundial de computadores em *sites* relacionados.

Entendemos que a preparação de certos textos que circulam na esfera escolar, tais como os gêneros do discurso escolar-científicos, envolve mais do que apenas a leitura e reescrita de procedimentos com a apresentação dos dados coletados durante sua execução.

No caminho da aprendizagem, a produção desses textos pressupõe a demonstração da compreensão e reflexão dos estudantes em relação aos conteúdos escolar-científicos, que estejam associados ao planejamento, execução e resultados obtidos.

Não é suficiente o registro do esperado e do observado, é fundamental identificar "por que" e "como" a atividade é executada, se ocorrem diferenças, como justificá-las, sua relação com os fundamentos teóricos, mostrar o entendimento dos princípios conceituais científicos sobre os quais o experimento foi projetado, bem como expressar um pensamento claro e uma escrita organizada, ou seja, um processo de autoria com foco no pensamento paradigmático.

Todo experimento suscita uma questão de investigação e para isso é necessário desenvolver uma situação da qual se possa derivar uma pergunta a ser testada, sugerindo ao estudante a necessidade de ampliar suas leituras, bem como interagir de maneira mais profunda com seu professor, de modo a incrementar a construção do conhecimento.

Para toda questão construída é necessário um conjunto sequencial de operações que possam ser executadas para obter os dados a serem analisados e discutidos, visando seu aceite ou refutação, gerando a necessidade do uso de ferramentas e equipamentos laboratoriais que exigirão o desenvolvimento de habilidades para efetuar medidas, e, de forma segura e correta, manusear esses materiais e equipamentos.

Com base nesse conjunto de características, que qualificamos como operações epistêmicas, desenvolvemos e organizamos o material instrucional, as atividades práticas de investigações científicas de sala de aula e os instrumentos de análise das comunicações discursivas construídas pelos estudantes.

2. Concepção e Projeto do Material Instrucional – a Questão do Enunciado/Articulação Composicional

É sobre enunciados, segundo a teoria de Bakhtin (2003), que iremos fundar toda a nossa perspectiva para a construção do material instrucional, bem como dos instrumentos para sua análise.

O discurso do sistema oficial representa a língua viva e dentro dessa concepção retomamos Bakhtin (2003, p. 265) e aceitamos a premissa de que: "A língua penetra na vida através dos enunciados concretos que a realizam, e é também através dos enunciados concretos que a vida penetra na língua".

Dessa forma, associado ao uso do material instrucional, admite-se o discurso do sistema oficial de ensino como um dos recursos concretos para o aprendizado e que se vincula, em sua dimensão histórica, ao momento atual. A lógica é simples: se é esse o discurso proferido e utilizado nas várias mídias, por aqueles que ensinam, o que se deve esperar do estudante é a réplica nesse mesmo estilo verbal. Estilo verbal é aqui entendido como a seleção de elementos operada nos recursos da língua – recursos lexicais, fraseológicos e gramaticais (Bakhtin, 2003) que se conectem ao conteúdo temático.

A compreensão da construção e do que se espera como produto do material instrucional e de sua réplica, ou seja, do resultado final (tanto do ponto de vista do enunciador como do ponto de vista do leitor), subjaz ao problema da compreensão do enunciado. Entendemos enunciado como a unidade real da comunicação verbal (Bakhtin, 2003).

Esses enunciados, segundo Bakhtin (2003), refletem as condições específicas e as finalidades de cada esfera, cuja influência se evidencia no conteúdo temático, no estilo da linguagem e principalmente na construção composicional. Esses elementos, conectados em sua essência no invólucro do enunciado, são responsáveis pela formação dos tipos relativamente estáveis de enunciados, denominados gêneros do discurso. O gênero do discurso é a forma tipificada da totalidade da obra, da totalidade do enunciado (Bakhtin; Medvedev, 1994), é o conjunto dos modos de orientação coletiva dentro da realidade.

Para a compreensão do enunciado é necessário, sobretudo, estabelecer limites essenciais e precisos (Bakhtin, 2003), delimitar suas fronteiras, estabelecer a alternância dos sujeitos "falantes".

O enunciado se encerra na transferência da palavra ao outro e dá origem à réplica, com seu acabamento específico, que expressa a *posição do locutor*. Essa fronteira estabelece uma relação entre as réplicas, entendida neste texto como uma relação de orientação-interpretação.

Por uma questão de delimitação da nomenclatura, consideramos necessário estabelecer algumas definições, segundo a nossa interpretação. Enunciador é aquele que constrói o enunciado de orientação (professor/pesquisador). Leitor é aquele que constrói a réplica interpretativa (estudante). Articulação composicional é a unidade que estrutura o gênero do discurso e é expressa linguisticamente pelo enunciado de orientação. Material instrucional é o modelo de gênero do discurso organizado pelas articulações composicionais.

Tanto o enunciado de orientação quanto a réplica interpretativa são unidades de comunicação verbal que pressupõem um acabamento específico expresso por meio de sua responsividade. Responsividade é qualificada em seu grau máximo como o atendimento ao discurso do sistema oficial de ensino. A questão da responsividade será abordada quando tratarmos da construção do método analítico dos gêneros do discurso escolar-científicos.

As articulações composicionais organizam a forma composicional de um gênero específico e, a cada articulação, corresponde um enunciado orientativo que explica ao leitor os requisitos adequados à sua construção. Além disso, certas articulações composicionais assumem a condição de componentes do modelo de argumento segundo Toulmin (2006).

Com base nessas articulações, os gêneros do discurso que compõem o material instrucional foram organizados com as seguintes denominações: protocolo de experimento didático, pré-relatório de experimento didático e relatório de experimento didático, que ganham as formas composicionais apresentadas a seguir.

3. Material Instrucional – Modelos de Gêneros do Discurso

O protocolo de experimentos (Quadro 1) é a comunicação discursiva construída com foco no conteúdo temático fornecido (sobre aquilo que deverá ser falado) nas condições socioculturais escolares, a partir de uma questão indutivo-investigativa ou desenvolvimento de um aparato escolar-científico.

> **PROTOCOLO DE EXPERIMENTO**
>
> Nomes, n⁰ˢ e turma   Data:
>
> TÍTULO DO PROTOCOLO
>
> Introdução:
>
> Aqui, deve-se escrever um texto que contenha os fundamentos teóricos principais e acessórios do experimento. Inclua modelos (DESCRIÇÃO ESCRITA, FÓRMULAS, EQUAÇÕES, ANALOGIAS, DESENHOS ETC.). Estes fundamentos devem ser obtidos principalmente em pesquisa nos livros didáticos fornecidos e/ou em *sites* especializados recomendados na WEB.
>
> Materiais:
>
> Coloque os materiais / reagentes / concentrações etc. que serão utilizados, o local de realização, o período e as condições envolvidas.
>
> Procedimento:
>
> É um conjunto de passos que o experimentador segue para realizar as tarefas previstas.
>
> Cálculos / Questões / Tabelas:
>
> Quando aplicável, insira tabelas, equações etc. que serão preenchidas e apresentadas no relatório de atividades.
>
> Desenhos / Esquemas / Ilustrações:
>
> Mostrar esquemas, desenhos ou ilustrações, quando aplicável.
>
> Riscos / Precauções / Segurança:
>
> Quando aplicável, indicar os principais riscos, precauções e procedimentos de segurança necessários.
>
> Bibliografia:
>
> Seguir a normalização brasileira para referências bibliográficas.

Quadro 1. Modelo de protocolo de experimento

Na cronologia de produção da comunicação discursiva, o pré-relatório de experimento (Quadro 2) é o gênero do discurso construído intermediariamente como parte preparatória para a elaboração do relatório de experimentos. É nesse item que a hipótese encontra espaço para a discussão dos caminhos ou estratégias utilizadas em sua formação.

PRÉ-RELATÓRIO DE EXPERIMENTO

TÍTULO DO PRÉ-RELATÓRIO

Antes de iniciar o seu relatório, responda às questões abaixo. Isto vai tornar o seu trabalho e relatório mais produtivos.

<u>Qual conceito científico é abordado neste experimento?</u>

Identifique o conceito científico (princípio, teoria, lei) principal contido no experimento e escreva sobre ele a partir de suas anotações, livros etc. Caso seja aplicável, estabeleça suas limitações.

Muitos experimentos de laboratório são organizados para ajudar a discernir o principal conceito científico que está sendo estudado.

<u>Quais são os objetivos deste experimento?</u>

Aqui, deve-se escrever um texto que responda a duas perguntas:

O que está sendo feito (uma medição, uma análise, um teste)? Por que isto está sendo feito, ou seja, o que se deseja saber ou ver?

Obs.: Não copie as perguntas ao descrever os objetivos.

<u>Qual é o propósito geral deste experimento?</u>

Descreva brevemente como você está sendo questionado para fazer o experimento (os objetivos) e como este o auxiliará no aprendizado sobre o(s) conceito(s) científico(s). Em outras palavras, mostre a conexão entre a resposta para a questão 2 (por que isto está sendo feito) em relação à resposta da pergunta 1 (o que supostamente você aprenderia executando o experimento).

<u>Qual é sua hipótese para o experimento de laboratório?</u>

Inicialmente, identifique as variáveis do experimento. Então, estabeleça sua hipótese – as relações ou interações entre as variáveis, os resultados do experimento que você antecipou. Sua hipótese deve ser expressa em uma ou duas sentenças ou esboçada em um gráfico. Estabeleça suas limitações.

<u>Qual é o raciocínio usado para chegar à sua hipótese?</u>

Explique sua hipótese usando a estratégia e o conceito científico deste experimento para mostrar o raciocínio por trás de sua predição. Qual é o caminho interno e externo percorrido para você obter a sua hipótese?

Quadro 2. Modelo de pré-relatório de experimento

O relatório de experimentos (Quadro 3) é a comunicação discursiva construída ao término de todas as atividades. Quando tudo aquilo que deveria ser esclarecido já foi, é o momento de assumir a responsividade na elaboração da réplica de forma profunda, principalmente nas articulações composicionais que relacionam os objetivos, discussão de resultados e a conclusão. É o instrumento no qual se espera que o estudante dê vazão ao(s) conceito(s) construído(s), com a marca indelével do processo de ensino e aprendizagem em toda sua extensão.

Deve referir-se a um projeto ou a um período em particular. Visa pura e simplesmente a historiar seu desenvolvimento, muito mais no sentido de apresentar os caminhos percorridos, de descrever as atividades realizadas e de apreciar os resultados – parciais ou finais – obtidos. Obviamente deve sintetizar suas conclusões e os resultados até então conseguidos, sem conter, necessariamente, análises e reflexões mais desenvolvidas.

O relatório pode se iniciar com uma retomada dos objetivos do próprio projeto, passando, em seguida, à descrição das atividades realizadas e dos resultados obtidos. No caso dos "Relatórios de andamento", deve-se encerrá-los com a programação das próximas etapas da continuidade da pesquisa. E não basta dizer que a pesquisa terá prosseguimento, é preciso detalhar e discriminar as atividades distribuídas nas várias etapas desse prosseguimento.

Nota: Há casos em que é necessário o acréscimo da articulação composicional INTRODUÇÃO, contendo os fundamentos teóricos envolvidos.

RELATÓRIO DE EXPERIMENTOS

Nomes, n⁰ˢ e turma Data:

TÍTULO DO RELATÓRIO

Objetivos:

Aqui, deve-se escrever um texto que responda a duas perguntas:

O que está sendo feito (uma medição, uma análise, um teste)? Por que isto está sendo feito, ou seja, o que se deseja saber ou ver?

Obs.: Não copie as perguntas ao descrever os objetivos.

Materiais:

Coloque agora os materiais utilizados, o local de realização, o período e as condições envolvidas.

Resultados:

Relate, então, o que observou (o que aconteceu).

Obs.: Valha-se de extrema precisão na descrição dos detalhes. Insira tabelas, gráficos etc.

Discussão:

A discussão de uma atividade ou pesquisa é o lugar em que são justificados os resultados de acordo com as observações e conclusões de outros (autores / professores). Nesse momento, deve-se dar continuidade ao relatório, respondendo a duas perguntas:

Esse resultado (seja ele qual for) era o esperado?

Por qual motivo era esse o resultado esperado (ou não era o esperado)?

Obs.: Valha-se, como apoio, das fontes de pesquisa disponíveis (livros, revistas, artigos, televisão, internet etc.).

Conclusão:

Para encerrar, deve-se criar a *conclusão*, texto curto e direto que responda à questão inicial e se relacione aos *objetivos*, *resultados* e *discussão*.

Exemplo:

É como se pensava? Que tipo de aprendizado foi obtido? Atende ao objetivo principal?

Bibliografia:

Seguir a normalização brasileira para referências bibliográficas.

Quadro 3. Modelo de relatório de experimentos

4. Metodologia de Sala de Aula – Orientações ao Professor

Devem ser claras as definições das características do ensino de gêneros do discurso escolar-científicos (Schneuwly; Doz apud Rojo; Cordeiro, 2004), pois não há gêneros escritos ideais para serem ensinados (Marcuschi, 2002).

A partir dessa perspectiva, é conveniente que o professor receba algumas orientações básicas para a aplicação do material instrucional em sala de aula, de modo a manter-se uma estreita ligação com os propósitos da análise neste estudo.

Inicialmente, o professor deve estar preparado para possíveis impedimentos e resistências com as quais irá deparar. Dessa forma, optamos por discutir alguns aspectos básicos como orientação prévia, sendo recomendável que o professor enfatize para o estudante a relação entre a aprendizagem e a produção de comunicações em torno dos gêneros do discurso escritos.

Freitas (1994) destaca que, para Bakhtin, a produção das ideias, do pensamento, dos textos tem sempre um caráter coletivo, social. O coletivo associado ao momento programático permite ao professor organizar as aulas considerando:

a) estímulo à formação de grupos heterogêneos de estudantes com cessão de textos orientativos aos grupos;
b) discussão dos textos orientativos com os grupos e estímulo à preparação de enunciados pelos estudantes;
c) avaliação dos estudantes em relação ao gênero produzido e realimentação e discussão dos itens a serem revisados por eles;
d) reavaliação do gênero revisado pelo grupo de estudantes e realimentação para a nova versão do gênero a ser construído.

Dessa maneira, é possível instituir um caráter grupal à produção e discutir / rediscutir por diversas oportunidades o produto, socializando os resultados do trabalho grupal para fomentar, posteriormente, a produção individual.

5. Organização das Atividades

A organização da sequência didática é estruturada em atividades que compõem uma aula, podendo ser extensiva a uma unidade / módulo e envolve práticas de laboratório associadas ao conteúdo temático da disciplina de química (Dias de Souza; Arroio, 2008a). O Quadro 4 mostra o tema, os conteúdos gerais e os específicos para as atividades experimentais.

Tema	Conteúdos gerais	Conteúdos específicos
Atividade *A* Água e seu consumo pela sociedade	Dissolução de materiais em água e mudança de suas propriedades.	Parâmetro de qualidade da água – concentração de materiais dissolvidos (densidade).
Atividade *B* Água e seu consumo pela sociedade	Concentração de soluções.	Concentração de soluções em massa (g.L^{-1})
Atividade *C* Água e seu consumo pela sociedade	Diluição de soluções.	Diluição de soluções em massa (g.L^{-1})
Atividade *D* Metais e sua utilização em pilhas	Reatividade de metais; explicações sobre as transformações químicas que produzem corrente elétrica: aspectos qualitativos; reações de oxirredução: conceito e balanceamento.	Reatividade dos metais em reações com ácidos e íons metálicos; transformações químicas que ocorrem com o envolvimento de energia elétrica: processos de oxidação e de redução; transformações químicas que geram energia; implicações sociais e ambientais das transformações químicas que ocorrem com o envolvimento de energia elétrica.

Quadro 4. Tema, conteúdos gerais e específicos nas atividades experimentais

6. Executando o Ensino em Aulas de Química / Ciências com Gêneros Escolar-Científicos

Após a organização e as orientações gerais, é necessário estabelecer os parâmetros para a operacionalização das atividades, de forma a criar condições para o seu acompanhamento. Como sugestão para delimitação do marco zero, o professor propõe aos estudantes uma atividade experimental de caráter individual e de baixa complexidade (atividade *A*).

Nessa atividade, não deve ser fornecido nenhum subsídio para a produção do gênero do discurso e essa primeira comunicação discursiva deve ser a expressão da compreensão, das competências e habilidades dominantes do discurso pelo estudante.

O instrumento fundamental que mediará o restante do processo – o material instrucional – deve ser fornecido, comparado e comentado, decompondo uma a uma as suas articulações composicionais, com especial atenção para a organização dos enunciados, suas intra e inter-relações e sua relação com o conteúdo temático.

7. Processos Instrumentais pelos quais se realizam as atividades experimentais

Os processos instrumentais pelos quais se realizam os experimentos de laboratório são apresentados no Quadro 5.

Atividade A		
Tipo	Conteúdo	Descrição
Experimento de laboratório	Alteração das propriedades da água após a adição de um soluto – densidade	O experimento deve ser executado por demonstração em sala de aula. Adiciona-se água potável ao recipiente plástico e imerge-se um ovo. Solicita-se aos estudantes que observem o fenômeno e anotem. Com o ovo no fundo do recipiente, adiciona-se cloreto de sódio comercial e, com uma colher metálica, realiza-se a homogeneização até o momento em que o ovo passa a flutuar na solução.
Atividade B		
Tipo	Conteúdo	Descrição
Experimento de laboratório	Preparação de uma solução de água e cloreto de sódio / cálculo da concentração	O experimento deve ser executado por demonstração em sala de aula. Pesar 10 gramas de cloreto de sódio e colocar a substância em um Becker. Medir 100 mL de água na proveta. Transferir os 10 gramas de cloreto de sódio para o Becker e adicionar 50 mL de água. Transferir a solução para um balão volumétrico e completar para 100 mL de solução total. Solicitar aos estudantes que observem o fenômeno e anotem.
Atividade C		
Tipo	Conteúdo	Descrição
Experimento de laboratório	Diluição de uma solução	O experimento deve ser executado por demonstração, utilizando-se os materiais, a solução preparada no experimento ***B***, um balão volumétrico de 250 mL, um balão volumétrico de 500 mL, proveta de 500 mL e piceta. A solução do experimento ***B*** deve ser transferida para um balão volumétrico de 250 mL e seu volume completado com água. A solução de volume 250 mL deve ser transferida para um balão de 500 mL e seu volume completado com água. Solicitar aos estudantes que observem o fenômeno e anotem.

Quadro 5. Descrição das atividades experimentais *(continua)*

Atividade D		
Tipo	**Conteúdo**	**Descrição**
Projeto semestral: Construção de um aparato científico	Reatividade de metais; transformações químicas que produzem corrente elétrica: aspectos qualitativos; oxirredução: conceito e balanceamento.	Forneça dois textos de apoio, conforme citação abaixo, que abordem o tema pilha de Volta. Solicite aos estudantes o projeto, a construção e operação da pilha construída. Indique que a operação do aparato científico deve ser feita sob condições diversas, tais como umedecido com água, com solução de água e sal e com solução de ácido clorídrico. Indique que devem ser testadas diferentes concentrações. Texto 1: ROCHA-FILHO, R. C.; TOLENTINO, M. O bicentenário da invenção da pilha elétrica. *Química Nova na Escola*, São Paulo, v. 1, n. 11, p. 35-39, 2000. Texto 2: GUEDES, M. V. O bicentenário da invenção da pilha por Alessandro Volta. Disponível em: <http://paginas.fe.up.pt/histel/>.

Quadro 5. Descrição das atividades experimentais *(continuação)*

Após cada atividade experimental, os estudantes recebem orientações complementares, que descrevemos no Quadro 6.

Atividade	Orientações complementares aos estudantes
A	Questão de investigação para os estudantes: discutam o fenômeno e considerem os conceitos teóricos envolvidos. Preparem um relatório de experimento.
B	Questão de investigação para os estudantes: discutam o fenômeno e considerem os conceitos teóricos envolvidos. Preparem o protocolo de experimento, o pré-relatório de experimento e o relatório de experimento. Obs.: Utilizem o material instrucional como mediador para a preparação dos gêneros do discurso. Utilizem o livro didático como fonte principal de pesquisa.

Quadro 6. Orientações complementares fornecidas aos estudantes após as atividades experimentais *(continua)*

Atividade	Orientações complementares aos estudantes
C	Construa uma tabela relacionando concentrações X volume de água. Construa um gráfico com os dados, interprete e elabore uma hipótese com base no gráfico. Questione os estudantes sobre o "paradeiro" do cloreto de sódio. Por que o cloreto de sódio se torna "invisível" em soluções diluídas? É possível construir um modelo explicativo para o fenômeno? Questão de investigação para os estudantes: Discutam o fenômeno e considerem os conceitos teóricos envolvidos. Preparem o protocolo de experimento, o pré-relatório de experimento e o relatório de experimento. Obs.: Utilizem o material instrucional como mediador para a preparação dos gêneros do discurso. Utilizem o livro didático como fonte principal de pesquisa.
D	Questão de investigação para os estudantes: Discutam o fenômeno e considerem os conceitos teóricos envolvidos. Preparem o protocolo de experimento, o pré-relatório de experimento e o relatório de experimento. Obs.: Utilizem o material instrucional como mediador para a preparação dos gêneros do discurso. Utilizem o livro didático como fonte principal de pesquisa. O projeto, a construção e operação do aparato devem ser executadas em grupo. A produção dos gêneros do discurso deve ser apresentada individualmente.

Quadro 6. Orientações complementares fornecidas aos estudantes após as atividades experimentais *(continuação)*

Com essas orientações, o que se deseja é que o estudante, de posse do material instrucional, seja levado ao diálogo com o gênero do discurso em que cada articulação composicional construída expressa a descrição orientativa. Essa organização delimita o campo para o estudante, na busca da produção de sua réplica dialógica no exato grau de sua responsividade; isto é, o estudante estabelece o critério exato de intensidade do seu aprofundamento, de acordo com sua orientação pessoal.

Concomitantemente, é organizada pelo professor a avaliação das atividades, baseada no domínio da forma composicional, das bases temáticas e da construção do conhecimento escolar-científico trabalhado com os estudantes.

8. Estabelecendo os Critérios de Avaliação dos Gêneros do Discurso em Sala de Aula

A Figura 1 mostra a ferramenta de avaliação de comunicações discursivas escritas, na qual são considerados o domínio das articulações composicionais, o uso das bases temáticas – descrição, exposição e argumentação – e o uso da linguagem escolar-científica correta.

Entendemos linguagem escolar científica como a linguagem do currículo por meio da qual se realiza o ensino e se mostra o aprendido no campo da educação em química (Jiménez-Alexandre; Díaz de Bustamante, 2003). É pelo domínio dessa linguagem, proveniente principalmente dos textos didáticos e do discurso oral e escrito do professor, que o estudante interpreta e se apropria do conhecimento para a construção escrita dos enunciados, nas tarefas escolares.

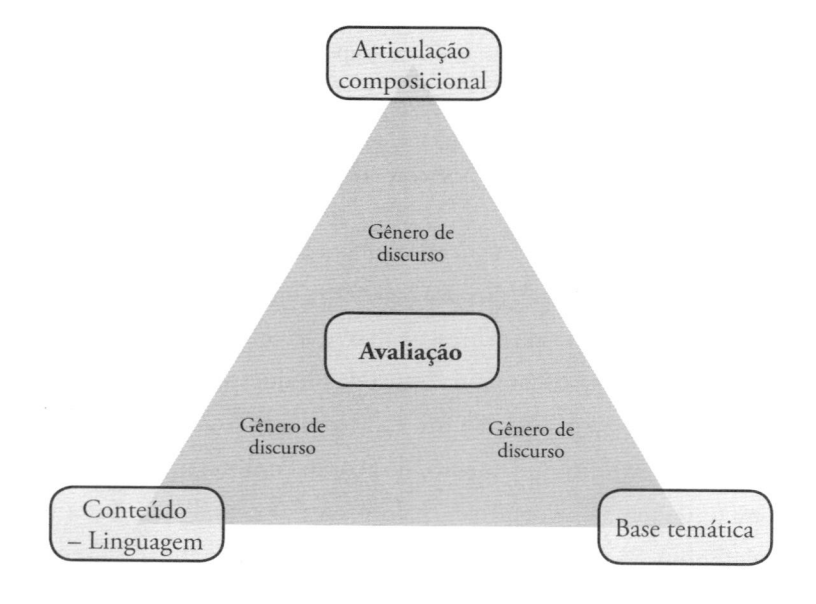

Figura 1. Categorias de avaliação de gêneros do discurso em sala de aula.

Os critérios para o processo de avaliação e acompanhamento em sala de aula foram organizados com base na conversão de fundamentos teóricos propostos pelo círculo de Bakhtin (Bakhtin; Volochinov, 1992; Bakhtin; Medvedev, 1994; Bakhtin, 2003) e nos aspectos pedagógicos (Schneuwly; Dolz, 2004).

Os critérios de avaliação dos gêneros do discurso permitem ao professor acompanhar três aspectos distintos. O primeiro aspecto aborda a utilização da forma composicional e o professor pode usar a presença das articulações composicionais como critério de avaliação. Como passo seguinte, compondo o segundo aspecto, aparecem os critérios de avaliação do conteúdo estudado em função das classificações apresentadas no Quadro 7. Como terceiro aspecto, o professor avaliará as bases temáticas – descrição, exposição e argumentação –, segundo os parâmetros apresentados no Quadro 8.

Requisitos	Classificação
É feita referência total ao(s) conceito(s), de forma interpretativa bem articulada, em linguagem escolar científica correta, tomando por base expressões do texto e/ou da fala de aula.	Máxima
É feita referência total ao(s) conceito(s), no entanto o narrador utiliza interpretação parcial de expressões do texto ou da fala de aula para mencioná-los.	Intermediária
É feita referência total ao(s) conceito(s), porém o narrador ainda recorre bastante à cópia do texto.	Mínima
É feita referência parcial ao(s) conceito(s).	Abaixo da mínima

Quadro 7. Critérios para avaliação da linguagem escolar científica

Base temática	Gênero	Elemento central
Descritiva	Protocolo de experimento	Predomínio de sequências de localização.
Expositiva	Pré-relatório de experimento	Predomínio de sequências analíticas ou então explicitamente explicativas.
Argumentativa	Relatório de experimento	Predomínio de sequências contrastantes explícitas.

Quadro 8. Relação entre base temática predominante e gênero do discurso

A interpretação da base temática obedece às seguintes características (Schneuwly; Dolz, 2004):

a) Descrever ações (regulação mútua de comportamentos): é a capacidade de dar instruções, fazer prescrições, transmitir imagem, apresentar um ambiente, um fenômeno etc.

b) Expor (apresentação textual de diferentes formas de saberes): é a capacidade de registrar e demonstrar conhecimentos e saberes obtidos por meio de estudos e pesquisas.

c) Argumentar (sustentação, refutação e negociação de tomada de posição): é a capacidade de tomar posição diante de um acontecimento e sustentar sua posição, refutar a posição de outros, negociar com oponentes.

As bases temáticas como propostas permeiam os gêneros escolhidos, completando-os mutuamente, permitindo aos estudantes sucessivas aproximações entre o uso da linguagem e os conceitos científicos estudados em sala de aula.

Para se obter um indicador de evolução, com base nas notas atribuídas nas atividades, sugere-se ao professor transformar os resultados de sua avaliação em valores de uma escala de 0 a 10, dividida em intervalos de 2,5, os quais poderão ser utilizados posteriormente para auxiliar o processo de análise dos argumentos construídos pelos estudantes.

9. Usando a Estrutura do Modelo de Toulmin para Análise do Macroargumento

Construímos uma correlação entre as articulações composicionais e os componentes do argumento (Dias de Souza, 2010), que apresentamos no Quadro 9.

Articulação composicional	Componente
Sem determinação prévia	Dado Fornecido – DF
Resultados	Dado Empírico – DE
Introdução / Conceito	Conhecimento Básico – B
Discussão dos resultados	Justificativa – J
Conclusão	Conclusão – C
Conceito / Hipótese	Conhecimento Básico Qualificador Modal B/M
Sem determinação prévia	Modelos, ilustrações, tabelas, equações e gráficos

Quadro 9. Correlação entre as articulações composicionais e os componentes do modelo de Toulmin

Essa configuração permite organizar o material produzido em sala de aula pelos estudantes para atender ao modelo do argumento de Toulmin (2006). Essa organização possibilitará a avaliação da qualidade da linguagem e da construção do conceito escolar-científico a partir da produção escrita de réplicas, baseadas nas articulações composicionais orientativas dos gêneros escolar-científicos.

A inter-relação e a interpenetrabilidade do significado e sentido entre as diversas articulações composicionais, de sua condição mais simples para a mais complexa e vice-versa, são fatores que garantem o exercício do trânsito intelectual exigido do estudante para a apropriação do conceito, tanto do ponto de vista composicional quanto do ponto de vista do conteúdo temático.

Na sua expressão máxima, todo o empreendimento culmina em proporcionar ao estudante os subsídios necessários e suficientes para a produção das réplicas escritas que constituem o gênero do discurso.

O protocolo, o pré-relatório e o relatório de experimentos educacionais se completam na organização de uma unidade estrutural, permitindo uma maior plasticidade no uso dos recursos da língua, bem como um aprofundamento no conteúdo temático do objeto de estudo.

Assim, cada gênero de discurso contribui de uma forma complementar no processo de execução da tarefa desenhada.

Estabelecemos como ferramenta de análise para o macroargumento organizado pelo professor a categoria RESPONSIVIDADE (Dias de Souza; Arroio;, Giordan, 2009), que, em seu grau máximo, é entendida como: a explicitação de operações epistêmicas de forma interpretativa bem articulada, em que a referência ao(s) conceito(s) é total. A base da interpretação é o sistema oficial, principalmente o livro didático, associado à fala de aula. Conceitos complementares e/ou associados são relacionados e envolvidos no texto escrito, que pode utilizar outras formas de linguagens, tais como modelos explicativos, equações, tabelas, gráficos e esquemas.

O Quadro 10 apresenta as variáveis e a classificação em relação ao grau para a categoria de avaliação Responsividade.

Variáveis	Grau
As operações epistêmicas são explicitadas de forma interpretativa bem articulada. É feita referência total ao(s) conceito(s), em sua linguagem própria. Cita outros conceitos relacionados. Toma por base expressões do sistema oficial e/ou da fala de aula. Utiliza outras formas de linguagens, tais como equações, tabelas, gráficos, esquemas.	Máximo
As operações epistêmicas são explicitadas de forma interpretativa parcialmente articulada. É feita referência total ao(s) conceito(s), em uma linguagem parcialmente própria. Cita parcialmente outros conceitos relacionados. Toma por base expressões do sistema oficial e/ou da fala de aula. Utiliza parcialmente outras formas de linguagens, tais como equações, tabelas, gráficos e esquemas.	Intermediário

Quadro 10. Variáveis que determinam o grau de responsividade *(continua)*

Variáveis	Grau
As operações epistêmicas são explicitadas de forma interpretativa parcialmente articulada. É feita referência parcial ao(s) conceito(s), em uma linguagem parcialmente própria. Não cita outros conceitos relacionados. Recorre bastante a transcrições diretas do sistema oficial e/ou da fala de aula. Quase não utiliza outras formas de linguagens, tais como equações, tabelas, gráficos, esquemas.	Mínimo
As operações epistêmicas são explicitadas de forma interpretativa desarticulada. É feita referência parcial ao(s) conceito(s), em uma linguagem desarticulada. Não cita outros conceitos relacionados. Não recorre a transcrições do sistema oficial e/ou da fala de aula. Não utiliza outras formas de linguagens, tais como equações, tabelas, gráficos, esquemas.	Abaixo do mínimo

Quadro 10. Variáveis que determinam o grau de responsividade *(continuação)*

10. Alguns Exemplos Reais do Cotidiano Escolar

Vamos apresentar para o gênero do discurso "relatório" todas as articulações características das atividades *A* e *D* e, para os demais gêneros – "protocolo de experimento" e "pré-relatório de experimento" –, apresentaremos as articulações que julgamos serem as mais expressivas e que podem contribuir com as perspectivas desse trabalho.

O Quadro 11 mostra as articulações composicionais explícitas e seus conteúdos específicos para a atividade A, no gênero do discurso relatório.

Articulações explícitas	Conteúdos específicos
Geral Relatório de química	Num recipiente (Becker) foram colocados 350 mL de água pura, nesse mesmo recipiente, um ovo foi introduzido, ficando no fundo do mesmo. Aos poucos, uma certa quantidade de sal foi adicionada na água que estava com o ovo e, ao ser misturado, o ovo começou a subir à superfície do recipiente. Por que isso acontece: a água <u>sem sal</u> é menos densa que o ovo. Quando você adiciona sal à água, a densidade da água muda, tendo assim mais massa; o volume <u>não</u> varia e o ovo não estraga.
Materiais usados	Água pura, sal, ovo.

Quadro 11. Articulações composicionais do gênero relatório de atividades e seus conteúdos específicos construídos pelo estudante na atividade *A*

No Quadro 11, é possível observar que o estudante apresentou o seu relatório de atividades explicitando apenas duas articulações composicionais, as quais ele denominou "geral" ("relatório de química") e "materiais usados".

O estudante descreve o experimento, discute brevemente a razão da alteração da posição do ovo em relação à água, atribui esse comportamento à alteração da densidade da água (cuja massa fora alterada pelo acréscimo de sal) e, em seguida, conclui que o ovo não estraga.

Nessa atividade, o estudante deixa claro o seu baixo domínio em relação à forma composicional assumida como característica dessa esfera de atuação; porém, é preciso ressaltar indícios de articulações composicionais próprias do gênero protocolo de experimento, quando o estudante se refere ao procedimento do experimento (*uma certa quantidade de sal foi adicionada na água que estava com o ovo*) e aos materiais utilizados (*água pura, sal, ovo*).

Nesse mesmo sentido, são observáveis indícios do gênero pré-relatório quando o aluno constrói sua hipótese (*quando você adiciona sal à água, a densidade da água muda, tendo assim mais massa*).

Em síntese, o estudante constrói implicitamente os gêneros do discurso em um mesmo enunciado, interligando-os.

Na sequência cronológica, o Quadro 12 mostra as articulações composicionais que aparecem de forma explícita e seus conteúdos específicos para a atividade *D*, no gênero do discurso relatório.

Articulações explícitas	Conteúdos específicos[3]
Título	Geração de corrente elétrica por meio de reações de oxidorredução
Objetivos	A pilha de Volta, foi reconstruída, com o principal objetivo de entendimento de conceitos nela trabalhadas, como oxidorredução, dissociação iônica e eletroquímica. Tendo o LED conectado a pilha; logo pode-se perceber que houve uma doação e recepção de elétrons, que são transferidos de um eletrodo negativo (zn) para um eletrodo positivo (Cu), por meio de um fio metálico, gerando assim um fluxo ordenado de elétrons, ou seja, uma corrente elétrica que se mantém por mais tempo se banhada a uma solução aquosa que sofre ionização.
Materiais	Suporte de madeira; seis ruelas de zinco; seis ruelas de cobre; uma ruela de couro; esponja; um pregador; cloreto de sódio; LED (diodo emissor de luz); voltímetro; Local de realização – Laboratório EE Z. B / 30/10/08/ 7h30 – período da manhã – condições luz natural e artificial à temperatura ambiente.
Desenhos e esquemas	*O estudante apresenta o desenho esquemático das partes que compõem a pilha, com os respectivos materiais e medidas.*
Resultados	O LED não acendeu quando os metais e a esponja foram colocadas na seguinte ordem: cobre, esponja, zinco, esponja, ... Ao ser mudada a sua ordem para cobre, zinco, esponja, cobre, zinco, esponja... o LED acendeu. Pelo voltímetro, pudemos observar que houve geração de corrente elétrica, independente da ordem dos componentes da pilha.

Quadro 12. Articulações composicionais do gênero relatório de atividades e seus conteúdos específicos construídos pelo estudante na atividade *D (continua)*

---

[3] Nos textos dos alunos a revisão se restringiu a corrigir erros de digitação e ortografia para não interferir na análise dos autores.

Discussão	O resultado esperado se concretiza, mesmo com os problemas na montagem da pilha. Foram confirmadas as hipóteses estabelecidas e concorda-se com as teorias estudadas. Houve o que se esperava como o fluxo ordenado de corrente elétrica, a ddp (diferença de potencial elétrico, a reação redox, a ionização da solução aquosa, o acendimento do LED e a marcação da voltagem no voltímetro).
Conclusão	Conclui-se que o experimento atendeu de forma objetiva o entendimento dos conceitos e teorias que eram colocadas em questão e auxiliou a absorção dos conhecimentos e estudos.

Quadro 12. Articulações composicionais do gênero relatório de atividades e seus conteúdos específicos construídos pelo estudante na atividade D *(continuação)*

Nessa atividade, é possível observar a alteração substancial no domínio da forma composicional do gênero relatório, com o estudante apresentando a maior parte das articulações composicionais características do modelo instrucional.

Destaque pode ser observado logo no início, pela análise do título escolhido pelo estudante (*Geração de corrente elétrica por meio de reações de oxidorredução*).

Se assumirmos que o título expressa o conteúdo semântico geral e dominante do texto, essa construção revela a coerência assumida pelo estudante entre a atividade executada e o conteúdo temático.

É um indicativo poderoso do processo de aprendizagem do conteúdo temático, pois, uma vez que o estudante expressa adequadamente essa articulação composicional, isso indicia ampla compreensão dos conceitos envolvidos (Dias de Souza; Arroio, 2008b).

O enunciado apresentado mostra a sequência linear condizente com o modelo instrucional, um incremento substancial no volume de texto e construções características de textos de apoio.

O Quadro 13 mostra os enunciados relativos às articulações composicionais selecionadas dos gêneros do discurso protocolo de experimento e pré-relatório de experimento e seus conteúdos específicos para a atividade *D*.

Articulações explícitas	Conteúdos específicos
Introdução	No experimento sobre a pilha de Volta, foram estudados teorias como a oxidorredução e a teoria de dissociação de Arrhenius. Oxidorredução ou reação redox, É a ocorrência simultânea da oxidação e da redução. Oxidação é a perda de elétrons num processo químico e a redução é o ganho de elétrons. Em nosso experimento foram usados dois metais: o cobre (Cu) e o Zinco (Zn). Esses dois metais sofrem oxidorredução; os íons de cobre reagem espontaneamente com o zinco, que é o elemento redutor e cede alguns elétrons para o cobre e se oxida, aumentando seu número de oxidação (NOX). O cobre é o elemento oxidante que ganha elétrons do zinco, sofrendo redução e diminuição de seu NOX. *O estudante apresenta as semirreações do cobre e zinco.* A oxidorredução é a constante transferência de elétrons, e para que uma corrente elétrica seja gerada é necessário que haja um fluxo ordenado de elétrons. Para obtermos esse fluxo é necessário um fio de metal que ligará o eletrodo negativo (o Zn) ao eletrodo positivo (o Cu). A solução NaCl ajuda a manter a pilha de Volta gerando energia por mais tempo. A teoria da dissociação eletrolítica, de Arrhenius, nos ajuda a entender por que o NaCl conduz corrente elétrica. Em uma solução aquosa as substâncias se dividem em menores entidades que possuem ou não carga elétrica. As soluções eletrolíticas conduzem energia; as não eletrolíticas não conduzem, pois não possuem carga elétrica. O NaCl conduz eletricidade, sendo uma substância iônica. Os íons positivos Na^+ e negativos Cl^- que formam o cristal de cloreto de sódio são separados pelas moléculas de água ficando livres na solução e conduzindo assim a corrente elétrica.
Cálculos	*O estudante apresenta os cálculos para obter as soluções nas concentrações de 0,1 mol/L e 0,01 mol/L.*

Quadro 13. Articulações composicionais selecionadas dos gêneros do discurso protocolo de experimento e pré-relatório de experimento para a atividade *D. (continua)*

Articulações explícitas	Conteúdos específicos
Conceito científico	O experimento da pilha de Volta envolve principalmente o conceito de oxidorredução, e também aborda a teoria de dissociação eletrolítica de Arrhenius e alguns estudos de eletroquímica e o número de oxidação dos elementos. A oxidorredução é a ocorrência simultânea de oxidação (perda de elétrons) e redução (ganho de elétrons), havendo o agente redutor, aquele que dá os elétrons para o agente oxidante. A teoria de dissociação eletrolítica de Arrhenius é praticada no nosso experimento, quando banhamos a pilha numa solução aquosa de NaCl; pela passagem da corrente elétrica causada pela dissociação iônica do Na^+ e do Cl^-, pelas moléculas de água. O NOX (número de oxidação) indica o número de elétrons que um átomo ou íon perde ou ganha para adquirir estabilidade química.
Hipótese	As concentrações das soluções usadas ($NaCl + H_2O$ e $HCl + H_2O$) e a medida da corrente elétrica gerada em cada uma das concentrações são as variáveis desse experimento. ***O estudante apresenta uma tabela com as variáveis.*** Com a observação de dados da tabela abaixo, pode-se concluir que, quanto maior a concentração da solução, maior é a voltagem da pilha. E, se comparar com a voltagem que a água purificada gerou, pode-se deduzir que a água sozinha não conduz, ou conduz pouca corrente elétrica, em relação a uma solução aquosa.

Quadro 13. Articulações composicionais selecionadas dos gêneros do discurso protocolo de experimento e pré-relatório de experimento para a atividade D. *(continuação)*

A comparação entre o modelo instrucional e o resultado apresentado pelo estudante para os gêneros do discurso protocolo de experimento e pré-relatório de experimento mostra a total apropriação de todas as articulações composicionais.

As bases temáticas utilizadas são condizentes com o predomínio de sequências analíticas ou então explicitamente explicativas e de sequências contrastivas explícitas, isto é, o estudante passa a utilizar a exposição e a argumentação em suas comunicações discursivas escritas.

A articulação composicional "introdução" nos mostra substancial tendência ao uso da linguagem escolar científica correta, com referência total ao(s) conceito(s), de forma interpretativa bem articulada, tomando por base expressões do texto pesquisado.

Reorganizando-se as articulações composicionais da atividade D de acordo com o modelo proposto no Quadro 9, obteríamos um macroargumento com todos os seus componentes, o que o caracterizaria como um forte argumento, exibindo um grau de Responsividade tendendo ao máximo.

11. Implicações

Como observado no decorrer de todo o capítulo, tornamos bastante evidente a forma como entendemos poder inter-relacionar as ideias de Competência – Escrita – Conteúdo Temático, traduzindo-as em atividades reais nas salas de aula de química/ciências. A adoção de nossa proposta com certeza implica alterar os padrões de trabalho do professor, bem como a aceitação dos estudantes. Ao professor caberá a tarefa de acompanhar a escrita do conjunto de estudantes das diversas salas de aula, e, aos estudantes, a tarefa de produzir suas comunicações escritas, utilizando-se de uma metodologia não usual em salas de aula de química/ciências. Isso com certeza é um grande desafio para o professor, pois haverá a necessidade de adaptações de acordo com os diversos conteúdos temáticos e alteração da forma como as avaliações são executadas. É fundamental o acompanhamento do processo de evolução de cada estudante, o que demandará um elevado dispêndio de tempo e esforço intelectual para a análise das comunicações discursivas, pois, como mostramos nos exemplos, há considerável ganho na escrita dos estudantes. Por outro lado, os estudantes devem estar conscientes de sua tarefa, no sentido de se tornarem protagonistas, ou seja, autores de seus próprios textos. Por último, e não menos importante, há necessidade de a administração escolar estar sensibilizada, a fim de encontrar as ferramentas adequadas de apoio à concretização desta proposta de ensino/aprendizagem. Em resumo, por meio de esforços conjuntos, estaremos todos engajados na melhoria da qualidade do processo educacional.

REFERÊNCIAS

ARAÚJO, A. O. **O uso do tempo e das práticas epistêmicas em aulas práticas de química**. 2008. 143f. Dissertação (Mestrado em Educação) – Faculdade de Educação, Universidade Federal de Minas Gerais. Belo Horizonte, 2008.

BAKHTIN, M. **Estética da criação verbal**. Trad. Paulo Bezerra. 4. ed. São Paulo: Martins Fontes, 2003.

BAKHTIN, M.; MEDVEDEV, P. N. **El método formal en los estudios literarios**: introducción crítica a una poética sociológica. Trad. T. Bubnova. Madrid: Alianza Editorial, 1994.

BAKHTIN, M.; VOLOCHINOV, V. **Marxismo e filosofia da linguagem**. Trad. Michel Lahud e Yara Frateschi Vieira. 6. ed. São Paulo: Hucitec, 1992.

DIAS DE SOUZA, D. D. **Sobre a mediação de um material instrucional na aprendizagem de estudantes em aulas de química**: gêneros do discurso e argumento. 2010. 140f. Dissertação (Mestrado em Educação em Ciências) – Faculdade de Educação, Universidade de São Paulo. São Paulo, 2010.

DIAS DE SOUZA, D. D.; ARROIO, A. Aplicação de um modelo estruturante na produção de textos escritos em aulas de Química In: **XIV ENCONTRO NACIONAL DE ENSINO DE QUÍMICA**, Curitiba, 2008a.

_____. Comunicação científica em aulas de Química: Produção de texto escrito como apropriação de conceitos In: **XIV ENCONTRO NACIONAL DE ENSINO DE QUÍMICA**, Curitiba, 2008b.

DIAS DE SOUZA, D. D.; ARROIO, A.; GIORDAN, M. A formação do conceito científico mediado pela produção escrita de gênero escolar-científico no currículo de química. **Enseñanza de las Ciencias**, v. extra, p. 404-408, 2009.

FREITAS, M. T. A. **O pensamento de Vygotsky e Bakhtin no Brasil**. Campinas: Papirus, 1994.

JIMÉNEZ-ALEXANDRE, M. P. **A argumentação sobre questões sócio-científicas**: processos de construção e justificação do conhecimento na aula. Disponível em: <www.fsc.ufsc.br/~arden/aleixandre.doc>. Acesso em: 6 ago. 2009.

JIMÉNEZ-ALEXANDRE, M. P.; DÍAZ DE BUSTAMANTE, J. Discurso de aula y argumentación en la clase de ciencias: cuestiones teóricas y metodológicas. **Enseñanza de las Ciencias**, v. 21, n. 3, p. 359-370, 2003.

MARCUSCHI, L. A. Gêneros textuais: definição e funcionalidade. In: DIONÍSIO, A. et al. **Gêneros textuais e ensino**. Rio de Janeiro: Lucerna, 2002.

ROJO, R.; CORDEIRO, G. S. **Gêneros orais e escritos na escola**. Campinas: Mercado das Letras, 2004. (Col. As Faces da Linguística Aplicada).

SAMPSON, V.; CLARK, D. B. Assessment of the way students generate arguments in science education: current perspectives and recommendations for future directions. **Science Education**, v. 92, n. 3, p. 447-472, 2008.

SÃO PAULO – Secretaria da Educação do Estado de São Paulo. **São Paulo faz escola**. Edição especial da proposta curricular. São Paulo: Imprensa Oficial do Estado de São Paulo, 2008. 95p.

SCHNEUWLY, B; DOLZ, J. **Gêneros orais e escritos na escola**. Campinas: Mercado das Letras, 2004.

TOULMIN, S. E. **Os usos do argumento**. 2. ed. São Paulo: Martins Fontes, 2006.

capítulo 7

O papel do pensamento narrativo na elaboração da ciência: uma proposta a partir da obra de Galileu Galilei

Ivã Gurgel[1]

Maurício Pietrocola[2]

1. Introdução

As expressões Alfabetização e Letramento Científicos vêm ganhando força nos debates em ensino de ciências. Inicialmente, essas noções obtiveram prestígio fora dos estudos diretamente preocupados com os processos de ensino-aprendizagem, vinculando-se à proposição de currículos. Sua emergência veio da necessidade de se estabelecer um objetivo claro para o ensino das ciências. Assim, com as reformas curriculares ocorridas nos anos 1990 em países como Austrália, Canadá, Nova Zelândia, Inglaterra e Estados Unidos, buscou-se estabelecer um direcionamento único para o ensino de ciências (Yore et al., 2003, p. 690) que levou a uma definição padrão para letramento científico como:

---

[1] Professor no Instituto de Física da USP. Licenciado em Física (2004), Mestre em Ciências (2006) e Doutor em Educação (2010), pela USP. Atua na área de Educação, Filosofia e História da Ciência, principalmente nos seguintes temas: História da Física nos séculos XIX e XX, ensino de Física Moderna e Contemporânea, Ciência e Cultura e Teorias Críticas de Currículo. E-mail: gurgel@usp.br
[2] Licenciado em Física pela USP (1984), Mestre em Ensino de Ciências pela USP (1988), Doutor em Epistemologia e História da Ciência pela Universidade de Paris VII (1992), Livre-Docente pela Faculdade de Educação da USP (2004). Professor Titular da Faculdade de Educação da USP, onde desenvolve pesquisa sobre desenvolvimento de estratégias inovadoras no ensino de ciências e formação de professores. E-mail: mpietro@usp.br.

> [...] as aptidões e hábitos de pensamento requeridos para construir conhecimentos da ciência e para aplicar estas grandes ideias em problemas reais. (Tradução livre.)

Essa definição busca dar destaque à ciência como uma forma específica de pensamento, opondo-se a perfis enciclopedistas que trabalham o ensino das ciências como a apresentação de um conjunto de verbetes bem estabelecidos.

Uma controvérsia em torno da noção de letramento científico, contudo, é apontada na literatura. Ao mesmo tempo que essa expressão vem sendo cada vez mais utilizada pelos pesquisadores para designar os objetivos e as formas de ensinar ciências, uma análise das pesquisas mais recentes mostra que há pouco consenso sobre qual é seu significado (Roberts, 2007; Yore; Treagust, 2006). Dentro de um espectro de possibilidades, podemos entender essa noção entre dois extremos. Por um lado, ela designa as formas de pensar legitimadas pela ciência como a habilidade de interpretar gráficos e utilizar formas matemáticas para expressão de conceitos. O objetivo ao se ensinar ciências seria tornar o aluno capaz de utilizar essas "ferramentas" intelectuais para se expressar cientificamente. Ainda nesse contexto, torna-se fundamental pensar sobre as diferentes formas de comunicação na ciência, isto é, suas linguagens. Em outro extremo, o foco é a utilização da ciência, de seus conceitos e procedimentos, para a resolução de problemas que envolvem a participação dos sujeitos na sociedade (exercício da cidadania). Douglas Roberts (2007) considera, em sua recente revisão sobre o assunto, que atualmente essa segunda visão, mais focada em ciência e sociedade, vem prevalecendo na literatura. Todavia, autores reconhecidos nesse campo, como Stephen Norris e Linda Phillips (2003, p. 224), apontam problemas nos direcionamentos atuais das pesquisas e tentam mostrar que o sentido mais fundamental de letramento, como a "capacidade de ler e escrever textos científicos", é condição necessária para o desenvolvimento de outras habilidades, relacionadas às situações que não são estritamente científicas, isto é, ao exercício do pensamento crítico.

Para além da problemática anterior, podem-se questionar quais são as linguagens da ciência que permitem sua organização e desenvolvimento. Quando, por exemplo, fazemos a análise das teorias científicas mais bem estabelecidas, como na Física, vemos que elas são estruturadas em uma linguagem matemática (Pietrocola, 2002). Na mesma direção, pode-se verificar que a maior parte dos enunciados de um texto científico se apresenta em uma linguagem impessoal e formal (Sutton, 1995). Embora seja possível admitir que essa seja a maneira adequada de apresentarmos um conhecimento consolidado, pode-se questionar se em todas as etapas de seu desenvolvimento os textos científicos são compostos por uma linguagem precisa e com pouca subjetividade.

Neste ensaio, analisaremos como se dá a composição de um texto científico quando uma descoberta é relatada. Nosso interesse é discutir quanto um cientista pode utilizar de certas "liberdades poéticas" para a elaboração de suas ideias. Consideramos esta análise importante por ela permitir pensar em novas formas de Alfabetização Científica, que não se reduzam ao pensamento formal e que sejam mais abertas à criatividade dos estudantes.

Para a discussão teórica, analisaremos alguns extratos da obra *Mensagem das estrelas,* de Galileu Galilei (1564-1642), valendo-nos de uma metodologia denominada *Poética*, que busca analisar a composição de um texto.[3] Essa metodologia trabalha em duas dimensões. Em um nível *narrativo*, buscamos compreender como a totalidade de um texto é composta. Isso implica verificar como um tema é introduzido, como "fatos" são encadeados e como rupturas e tensões sobre eles são estabelecidas. Em um segundo nível *de significação*, verificamos como cada parte do texto é composta. Para nossa análise dessa dimensão, privilegiaremos o estudo das figuras de linguagem. O papel dessas figuras é central, pois, como definem autores da área de "análise de discurso", essas são as responsáveis pela produção de sentidos que se referem a uma entidade exterior ou referente (Charaudeau;

---

[3] Detalhes sobre os fundamentos teórico-metodológicos da análise poética podem ser encontrados em Gurgel (2010).

Maingueneau, 2008). Dessa forma, acreditamos que elas terão um papel central na composição do texto científico. Ao final do capítulo, indicaremos algumas possibilidades de situações de aprendizagem que podem ser elaboradas a partir das discussões aqui realizadas.

2. Galileu e a "Mensagem das estrelas"[4]

Galileu é muito conhecido por ser um dos primeiros defensores do *heliocentrismo*, isto é, a concepção que coloca a Terra e os outros planetas girando em torno do Sol, em contraposição às concepções *geocentristas* que colocavam a Terra no centro de tudo.[5] Ele defende essas ideias publicamente pela primeira vez na obra *Mensagem das estrelas*, publicada em 1610.[6] Nesse período era predominante a concepção geocêntrica do Universo e, como veremos, qualquer ideia que fosse contra isso era arriscada e muito difícil de ser defendida.

Em seu texto, no entanto, não é abordada diretamente a questão do movimento da Terra ou da posição do Sol, mesmo que isso influencie toda sua argumentação e suas conclusões. Os temas que Galileu discute são o aspecto irregular da superfície lunar, os aglomerados de estrelas e a descoberta dos satélites de Júpiter. Sabemos que essas descobertas são importantes por, indiretamente, romperem com a visão de mundo predominante à época. Perceber que a superfície da Lua não é perfeita, isto é, afirmar que ela não é plenamente lisa significa afirmar que ela é semelhante à Terra, algo bastante novo para o pensamento vigente no período.

Galileu inicia sua obra com uma apresentação que é muito comum em obras científicas inovadoras. Ele busca, justamente, ressaltar a importância de seu tra-

---

4 A análise da obra de Galileu é parte da tese de doutorado de um dos autores (Gurgel, 2010).
5 Para uma apresentação do contexto histórico de Galileu, ver Videira (2009).
6 Este texto se tornou conhecido como *Mensageiro das estrelas*, em referência ao próprio Galileu.

balho de forma a sensibilizar o leitor sobre o valor do texto. Suas primeiras frases demonstram bem isso:

> Grandes, sem dúvida, são as coisas que neste breve tratado proponho à contemplação dos estudiosos da Natureza. Grandes, digo, pela sua excelência intrínseca ou por sua inaudita novidade. (Galilei, 2009, p. 4.)

Vemos que de nenhuma forma Galileu quer esconder ou minimizar a pretensão de constituir um novo corpo de conhecimentos. Contudo, é curioso como ele atribui aos próprios "fatos", que ainda não foram anunciados, sua excelência e novidade. Ele pouco reforça seu papel de descobridor. Sua pretensão é mostrar que algo novo e literalmente universal está prestes a ser revelado. Analisando esse aspecto do ponto de vista da composição narrativa do texto, ele, como autor, cria uma tensão sobre o que será o objeto de sua exposição.

Após essa etapa inicial, Galileu apresenta o instrumento utilizado para suas observações, a luneta. Discute o procedimento utilizado para determinar a ampliação obtida com o instrumento e, na sequência, relata as observações feitas das estrelas. Em seguida, ele inicia a seção que iremos analisar em detalhe, na qual ele relata suas observações da superfície lunar.

Galileu inicia essa seção com uma descrição de seu objeto de estudo, a Lua. Essa primeira aproximação é bastante rudimentar, em que ele busca direcionar a atenção do leitor para um elemento que seria bastante perceptível à primeira vista, as diferentes tonalidades presentes na superfície lunar:

> Comecemos falando da face lunar que está voltada para nós, e que, para facilitar a compreensão, divido em duas partes, a mais clara e a mais escura. [...] Essas manchas, um pouco obscuras e muito extensas são visíveis por todos. (Galilei, 2009, p. 5.)

Por ser a característica mais evidente à nossa percepção, essa exposição se limita a uma descrição que ressalta as partes escuras e claras do objeto celeste. Contudo, essa forma narrativa começa a mudar a partir desse ponto do texto. Agora ele inicia uma discussão sobre o porquê dessas diferentes tonalidades. Isso muda a forma como o texto é composto. O autor inicia o primeiro conflito, sendo esse aqui entendido como uma componente da composição textual que envolve oposições entre fatos, ideias ou pontos de vista. A tensão criada por esse conflito passa, ainda do ponto de vista narrativo, a organizar os fatos da história, isto é, o enredo. Como elemento epistemológico, gera-se um campo em que elementos descritivos são insuficientes. Se o autor traz elementos novos, isso o obriga a explicar sua natureza. Em seguida ele anuncia a problemática a ser tratada.

> [...] deduzimos a opinião, que temos por firme, de que a superfície da Lua e dos demais corpos celestes não é, de fato, lisa uniforme e de esfericidade exatíssima como tem ensinado uma numerosa corte de filósofos, mas que, ao contrário, é desigual, rugosa e cheia de cavidades e proeminências, não diferente da própria face da Terra, que apresenta, aqui e ali, as cristas das montanhas e os abismos dos vales. (Galilei, 2009, p. 5.)

Um dos pontos que Galileu quer defender, na segunda parte da citação, é a semelhança entre a Terra e a Lua. Entretanto, devemos verificar que tipo de semelhanças essas têm entre si, pois isso define o pensamento que ele elabora e o tipo de linguagem apropriada para expressá-lo. No final do parágrafo, ele considera que a lua é rugosa e cheia de cavidades e proeminências, não diferente da própria face da Terra. Quando Galileu se refere à Lua, ele não tenta descrever suas rugosidades, cavidades e proeminências, isto é, ele não tenta defini-la em si. Para construir uma nova visão sobre ela, o que ele faz é afirmar que é como a Terra. Devemos notar que essa não é uma colocação metafórica ou analógica. Terra e Lua são semelhantes do ponto de vista de sua constituição. Podemos verificar que a linguagem é bastante objetiva. O tempo verbal utilizado, o presente do indicativo, elimina o caráter hipotético e especulativo que ocorre quando utilizamos uma metáfora (que faz um jogo interpretativo acerca de uma propriedade singular de um objeto que é transferida a outro, mas sem valor ontológico). Assim, embora possam existir diferenças entre os dois corpos celestes, eles podem ser considerados como objetos de uma mesma classe. Esse processo de pensamento envolve desprender-se de algumas de suas qualidades e interpretá-lo em relação a certas características que seriam as fundamentais em sua definição. O leitor é obrigado a ver a Lua de modo diferente do que ele vinha fazendo. Ela perde sua identidade de objeto perfeito, por ser um representante de uma parte de perfeição do Universo que lhe atribui essa qualidade, e passa a ser um objeto que adquire identidade principal por sua semelhança com a Terra.

Do ponto de vista de tropos linguístico,[7] nessa parte temos uma metonímia, isto é, ele elabora uma afirmação que estabelece a correspondência entre dois objetos (Charaudeau; Maingueneau, 2008), em que um acaba servindo como adjetivo a outro. A metonímia faz um jogo de inferência, no qual um conjunto de propriedades é transferido de um objeto a outro fazendo que eles sejam equivalentes em termos de classe. Como afirma Reboul (1991), essa figura de significação busca, sobretudo, denominar um objeto de modo a tornar aparentes seus aspectos ou qualidades mais importantes, de acordo com as intenções do autor.

Na passagem anterior, a superfície da Lua e dos demais corpos celestes não é, de fato, lisa uniforme e de esfericidade exatíssima como afirma Galileu. Temos um processo de pensamento que é diferente do analisado anteriormente. Nessa afirmação, Galileu tem uma pretensão maior, que é a de generalizar as qualidades da Terra para todos os corpos. Essa passagem do singular para o geral é importante para que ele possa, ao final, fazer afirmações que envolvam os planetas sem precisar fazer o estudo de cada um deles individualmente. Do ponto de vista epistemológico, toda validade de sua argumentação se dará em razão da coerência dessa passagem. Se no decorrer do texto ela se tornar clara, o leitor terá sido persuadido.

---

7   O estudo das figuras de linguagem.

Para realizar essa tarefa temos outro tipo de figuração. O tropo chamado de *sinédoque* busca tratar a relação de um objeto com sua classe. Diferentemente da metonímia, que coloca somente dois objetos em relação, a sinédoque busca nomear esse grupo abstrato de entidades de modo que os objetos possam ser reduzidos a ela. Dessa forma, podemos nos referir à Terra ou à Lua como um Corpo Celeste, da mesma forma que nos referimos ao Sol ou outros planetas. Embora essa nomeação pareça simples, ela carrega toda a ideologia do autor. As propriedades rugosidade, superfície montanhosa e outras são transferidas, isto é, generalizadas para todos os corpos presentes no céu.

Embora a citação anterior seja bastante rica e demonstre esses vários elementos presentes no discurso de Galileu, do ponto de vista argumentativo ela é muito pobre. Vemos que ainda não há nenhum elemento explicativo sobre as afirmações que o autor realizou. Isso será feito nas passagens subsequentes. Galileu irá tratar de diversos aspectos da superfície lunar para mostrar a validade de suas ideias.

O primeiro "caso" que Galileu trata é o formato da curva vista na Lua no estágio crescente, que divide a região iluminada daquela escura.

> No quarto ou quinto dia depois da conjunção [da Lua Nova], quando a Lua se mostra com o esplêndido crescente, já o limite que divide a parte escura da iluminada não se estende uniformemente segundo uma linha oval, como deveria ocorrer em um sólido perfeitamente esférico. Ele se mostra traçado por uma linha desigual áspera e sensivelmente sinuosa. (Galilei, 2009, p. 5.)

Aqui, o autor utiliza um modo discursivo muito semelhante ao que ele usou quando fez a comparação da Lua com a Terra. Inicialmente ele compara a Lua a uma hipotética esfera perfeita. Contudo, nesse caso, ele constrói uma metonímia negativa, isto é, ele quer mostrar a não equivalência entre essas duas classes de objetos. Uma das características de uma esfera lisa é que, independentemente da posição da fonte de luz, a linha imaginária que divide a parte iluminada da região aonde não chega luz deveria ser perfeitamente curva. Todavia, isso não é verificado pela observação, pois a divisão entre a parte iluminada e a escura forma uma linha diferente, "sinuosa" em suas palavras. Como composição textual, é interessante verificar que primeiro ele busca desconstruir a visão aristotélica para somente depois reforçar sua visão. Nesse ponto vemos claramente como esses interlocutores, mesmo ocultos, influenciam toda a sua argumentação. Ainda temos que esse ataque à visão antiga de cosmos intensifica o conflito que se estabeleceu no texto. Essa desconstrução amplia a possibilidade de suas conclusões estabelecerem um bom desfecho para a narrativa.

Após essa passagem é retomada no texto a comparação entre a superfície lunar e a terrestre. Então Galileu faz uma longa série de comparações para mostrar como o comportamento de certas "manchas", que tendem a desaparecer quando a Lua vai se tornando mais iluminada, assemelha-se a casos em que a sombra na Terra muda ao longo do dia, devido à modificação da posição do Sol em relação a ela. Basicamente o que ele mostra é que determinadas "manchas" desaparecem conforme a Lua vai passando pelos diferentes estágios da fase crescente. Em uma região em que os raios solares chegavam com certa inclinação, a presença de um relevo montanhoso provoca sombras. Quando essa mesma região chega a uma posição em que os raios incidem em uma direção mais próxima à perpendicular da superfície, as sombras desaparecem. Assim ele comenta:

> Por acaso não ocorre o mesmo na Terra, onde antes da saída do Sol, os mais altos cumes dos montes se encontram iluminados pelos raios solares enquanto a sombra ocupa ainda as planícies? Acaso, depois de algum tempo, não se vai dilatando aquela luz à proporção que se iluminam as partes médias e mais amplas desses mesmos montes e, uma vez que o Sol saiu, não terminaram por unir-se às partes iluminadas das planícies e das colinas? A variedade dessas elevações e cavidades da Lua parece superar em todos os sentidos a aspereza da superfície da Terra. (Galilei, 2009, p. 6.)

A metonímia entre Terra e Lua é mais uma vez retomada como forma de reconstruir a visão que temos da Lua. No entanto, nessa passagem ela é muito reforçada quando o autor demonstra que quando os dois corpos são submetidos a condições muito semelhantes, os efeitos provocados sobre os mesmos são de igual natureza. O raciocínio para essa demonstração não tem nada de óbvio. Para elaborá-lo é preciso considerar que, em relação ao Sol, o movimento de rotação da Terra sob seu eixo é muito semelhante ao movimento da Lua em relação à Terra. Mesmo hoje é difícil imaginar como isso é possível. Em um caso temos a rotação em torno de um eixo fixo e, no outro, a translação de um corpo em relação a outro. Contudo, quando verificamos a configuração em relação ao Sol isso se torna claro. O movimento da Lua pode, em relação ao Sol, ser aproximadamente definido como uma rotação sob seu próprio eixo. Isso ocorre, pois um ponto da superfície da Lua que está voltado para o Sol, recebendo seus raios pelo plano perpendicular à sua superfície, após um quarto do seu período de translação em relação à Terra, também rotaciona, fazendo que os raios solares fiquem tangentes à sua superfície. Após mais um quarto de período, o mesmo ponto se encontra do lado oposto ao Sol. O movimento diário da Terra é exatamente o mesmo. Ao meio-dia temos o Sol a pino, recebendo os raios pelo plano perpendicular à superfície; por volta das 18 horas, o pôr do sol, em que os raios estão paralelos a ela e, por fim, à meia-noite esse ponto da superfície está oposto à nossa estrela. Essa equivalência de movimentos faz que exista o mesmo tipo de iluminação solar sobre ambos os corpos celestes. Essas condições permitem verificar se Terra e Lua se comportam da mesma maneira perante os efeitos da luz solar. Assim, Galileu mostra que o padrão de sombras é o mesmo. Isso lhe permite concluir que as deformações geográficas existentes na Terra e na Lua são equivalentes. No final da citação o autor ainda reforça seu argumento dizendo que, além de tudo, as protuberâncias da Lua devem ser maiores que as da Terra. Esse recurso serve para não deixar dúvidas de que os elementos narrados são, de fato, daquela maneira. Logo em seguida o autor complementa:

> Essa superfície lunar que está coberta de manchas como a cauda de um pavão real de olhos azuis se assemelha àqueles vasos de vidro que, imersos ainda quentes em água fria, adquirem uma superfície rugosa e ondulada, razão pela qual receberam o nome de taças de gelo. (Galilei, 2009, p. 6.)

Esse trecho envolve mais uma mudança discursiva importante. Antes o autor queria demonstrar a validade de sua definição dada à Lua (ela ser como a Terra). Agora ele quer enfatizar e ressaltar as qualidades dela. Para isso, ele utiliza uma *dupla metáfora* para explicar a natureza da superfície lunar. Há a referência ao pavão, que quer mostrar a densidade das manchas, mas, ao mesmo tempo, há a indicação de que as superfícies são rugosas, como ocorre com o vidro quando submetido a um choque térmico. Como já consideramos, a metáfora se refere a propriedades específicas dos corpos e, aqui, para compor sua ideia, Galileu faz referência a dois corpos em que cada um serve como análogo para uma das características da Lua. O que pode ser válido notar é que, diferentemente da metonímia, a metáfora não tem nenhum valor de "verdade". Pouco adianta em termos de argumentação, que para o autor a Lua e um pavão ou taça sejam de naturezas iguais ou diferentes. O papel da metáfora é apenas heurístico no pensamento.

Após mais alguns detalhes sobre o formato e mudança das sombras presentes na Lua, Galileu realiza uma "quebra" no texto e muda a perspectiva de análise. Essa mudança é anunciada e busca alertar explicitamente o leitor.

> Sei que certamente, muitos se verão tomados por dúvidas, e aqui grandes dificuldades preocupam, pois se veem obrigados a objetar uma conclusão já estabelecida e, por tantas aparências, confirmada. De fato, se a parte da superfície lunar que mais brilhantemente reflete os raios solares está cheia de anfractuosidades, isto é, de inumeráveis cavidades e proeminências, por que a circunferência oriental da Lua minguante ou a periferia toda na Lua cheia não se observa desigual, áspera e sinuosa, mas ao contrário, se vê exatamente redonda e traçada a compasso, sem marca alguma de cavidades ou proeminências? (Galileu, 2009, p. 7.)

Essa questão, no corpo total do texto, aparece como uma espécie de elemento de intriga, como ocorre em um drama. Essa dúvida leva a um desvio do foco narrativo. Assim, ela tem como objetivo chamar a atenção do leitor para um possível problema presente na interpretação que vinha apresentando e, ao mesmo tempo, anuncia uma nova situação de análise. Como forma argumentativa, vemos que Galileu se adianta a uma possível crítica que poderia invalidar suas conclusões. Do ponto de vista epistemológico esse é um elemento muito característico dos textos científicos. Como suas proposições têm a pretensão de generalidade, que possibilita a construção do que chamamos teoria, elas não podem conter *nenhum elemento de refutação*. Isso faz que a capacidade em se adiantar em relação a quaisquer problemas encontrados em relação ao ponto de vista defendido possa não apenas facilitar sua defesa, mas, sobretudo, fazer com que o leitor seja obrigado a entrar na mesma perspectiva do autor. Esse elemento de dialogicidade é um dos mais importantes quando se busca o convencimento do outro. Quando um discurso é monolítico, o leitor se fecha e acaba por não compartilhar a visão do autor.

Nessa passagem podemos também notar que há, mais uma vez, um emprego metafórico, embora bastante sutil. Ele afirma que a Lua se vê exatamente redonda e traçada a compasso. Essa frase poderia ser reescrita como redonda como se fosse traçada por um compasso. Dessa forma é mais fácil verificar a comparação. A Lua se apresenta redonda da mesma forma como é um círculo traçado por um compasso. Esse instrumento, também supostamente inventado por Galileu, era, de qualquer maneira, algo novo para a época e que representava bem uma construção geométrica perfeita. Posteriormente, o autor ainda reforça o conteúdo do parágrafo anterior, mas de modo a iniciar o esboço de um novo enredo:

> Se as proeminências e as cavidades do corpo lunar se estendessem unicamente pela periferia do círculo que limita o hemisfério visível, então a Lua poderia, ou melhor, deveria mostrar-se a nós quase à maneira de uma roda dentada, quero dizer, limitada por uma borda granulada e sinuosa. (Galileu, 2009, p. 7.)

De certa forma, Galileu retoma o problema da citação que analisamos anteriormente, só que agora ele faz uma contraposição, descrevendo como deveríamos ver a Lua se ela fosse imperfeita nas bordas. Nessa descrição mais uma metáfora aparece quando ele a compara com a roda dentada. Contudo, é bastante curioso notar com qual intenção, no sentido de finalidade, ele faz essa contraposição. A metáfora é hiperbólica, isto é, a comparação com a roda traz um análogo que tem as características muito acentuadas. Ele ainda reforça essa figura linguística afirmando que se as proeminências se estendessem unicamente pela periferia, então elas deveriam mostrar-se a nós como as rodas dentadas. Como já vimos, as anfractuosidades deveriam estender-se por toda a superfície. Quando Galileu enuncia essa última citação ele guia o leitor para uma conclusão que aparentemente vai contra o conjunto de ideias que ele mesmo estava defendendo, e que provarão que elas são falsas. O exagero da proposição do autor busca garantir o entendimento e atribuir uma certeza ao que foi dito. No entanto, o leitor é enganado por Galileu, pois justamente ele encontrará uma maneira de salvar suas ideias mostrando que, embora existam os montes e vales, em razão de sua composição que é diferente da roda dentada, eles podem existir na periferia lunar sem serem percebidos. Galileu constrói uma caricatura de seu contra-argumento, reforçando seus traços mais marcantes, pois isso facilita a retomada de seu ponto de vista e a desconstrução do mesmo contra-argumento.

Nesse momento o conflito que vem guiando toda a composição narrativa encontra um clímax. Esse é considerado o momento de maior tensão, no qual o conflito chega a seu ponto máximo (Gancho, 1997). Logo após essa afirmação que reforça a problemática instaurada, o autor já inicia o processo de re-estabilização de seu ponto de vista que, em princípio, leva ao desfecho do texto.

> Mas se ao longo da circunferência não estivesse disposta unicamente uma série de proeminências, o olho que observasse de longe não poderia, em absoluto, captar a diferença entre proeminências e cavidades, dado que os vazios entre os montes dispostos no mesmo círculo, isto é, na mesma cordilheira, se ocultam pela interposição de outras elevações dispostas em sucessivas cadeias, sobretudo se o olho do observador se situa na mesma reta que os vértices de ditas elevações. (Galilei, 2009, p. 7.)

Nessa passagem, Galileu retoma a comparação com a Terra para discutir o que ocorreria se um observador olhasse para uma série de cadeias montanhosas que estivessem uma em sequência da outra. Caso o observador se encontrasse na superfície da Terra, seu campo de visão estaria definido pela reta tangente a essa superfície. Isso faria que as regiões vagas entre uma montanha e outra não fossem aparentes, mesmo existindo, pois as montanhas da cadeia seguinte se apresentariam para preencher, na visão desse observador, essa região desocupada. Isso acaba sendo muito relevante, pois a grandes distâncias é muito difícil perceber que objetos não estão sobre o mesmo plano. Considerando a distância da Lua, essa constatação se torna ainda mais relevante. Contudo, toda essa argumentação só faz sentido porque são de mesma natureza e têm as mesmas características. Mais uma vez a equivalência entre os dois corpos é o que dá validade ao que é proposto.

Logo em seguida a essa parte do texto ele tenta esclarecer a explicação precedente:

> Assim, as cristas das ondas de um mar agitado parecem pertencer ao mesmo plano, sendo que entre uma onda e outra, enorme é a abundância de abismos e vazios, profundos o suficiente para que possam esconder em seu seio não apenas o casco, mas também a ponte, os mastros e as velas de grandes navios. (Galilei, 2009, p. 7.)

Nessa passagem, o autor faz uma metáfora com as ondas do mar, a qual possibilita ver claramente qual é seu argumento. Para quem está em terra firme, o mar parece apresentar pequenas protuberâncias, sendo quase liso. Contudo, considera Galileu, para alguém que se aventura nele, esse mesmo mar é repleto de ondulações que promovem grandes diferenças de altitude, e esse esconde até mesmo as velas de grandes navios. Essa metáfora quer mostrar que não é somente no caso tratado que nossa percepção funciona mal! Nesse exemplo ela falha em um caso que poderia até mesmo ser de mais fácil verificação.

Os pontos anteriores apresentados por Galileu buscam mostrar por que a Lua não se apresenta como a citada "roda dentada". Pelas razões anteriores suas montanhas e vales são escondidos em sua periferia. Vemos então que o conflito que havia se configurado anteriormente é resolvido e o texto reafirma sua posição inicial.

Todos esses argumentos ainda são reforçados por mais um elemento. Galileu usa a correspondência entre a Terra e a Lua para inferir que deva existir uma espécie de atmosfera lunar. Essa "camada" ao redor da Lua daria mais uma contribuição para a resolução do conflito instaurado anteriormente. Ela dificultaria a percepção do relevo lunar, fazendo que novamente as sinuosidades da Lua fossem "escondidas".

> A essas razões pode-se acrescentar outra: é que em torno do corpo lunar existe, como em torno da Terra, uma espécie de esfera de substância mais densa que o éter restante capaz de recolher e refletir a radiação solar ainda que não tão opaca quanto para poder impedir a passagem da visão, especialmente quando não está iluminada. (Galilei, 2009, p. 7.)

Atualmente, aceita-se a não existência dessa "atmosfera". No entanto, se o objetivo final do texto é mostrar a semelhança entre o planeta e seu satélite, essa é mais uma hipótese coerente com a visão de mundo defendida por Galileu. Na falta de elementos para definir a natureza dessa atmosfera, o autor limita-se a dizer que ela é mais densa que o éter (nessa época o éter era considerado uma substância extremamente sutil, imponderável e transparente). O éter, no mundo aristotélico, é um tipo de matéria que somente existe na lua ou no mundo celeste mais distante que ela. Mesmo sem definir a natureza dessa "atmosfera", afirmar que ela é algo diferente do éter é, quase de forma subliminar, reafirmar a não perfeição do céu e sua correspondência em termos de qualidade com a Terra.

Ao considerar a existência desse novo elemento ao redor da Lua, um problema aparece. É preciso explicar por que ele não afetava as observações, isto é, se essa "atmosfera" existe, por que ela não impede a visualização da superfície da Lua? Assim, poderíamos questionar por que esse "personagem" não atuou até aquele momento. Novamente um conflito se instaura e o que parecia já estabelecido se torna instável.

A questão, no entanto, é respondida no mesmo extrato anterior, quando Galileu afirma que ela não é tão opaca a ponto de dificultar a visão. Mas a "intriga" ainda persiste. Assim sendo, por que então ela atrapalha quando queremos as regiões montanhosas na periferia da Lua? Galileu responde que, neste último caso, a luz deve atravessar uma camada mais espessa desse material. Nesse caso, então, uma quantidade maior de luz pode ser absorvida e refletida pelo material (algo semelhante à explicação do vermelho do pôr do sol).

Com esse argumento ele encerra a discussão sobre as observações da Lua, como sempre, ressaltando a correspondência entre esses dois objetos. Visto que esse era o foco central de toda a construção textual e o que dava coerência a ela, é importante verificar que a definição metonímica foi sustentada, digamos, "até às últimas consequências".

Chegamos ao desfecho dessa parte do texto. Como toda boa "história", ela deve acabar com uma frase final marcante. Vejamos como Galileu faz isso:

> De nossa parte confirmaremos com demonstrações e ainda com uma infinidade de argumentos naturais que aquela [a Terra] é errante e superior em brilho à Lua, e não o refúgio de imundices e fezes terrenas. (Galilei, 2009, p. 8.)

Nesta última frase ele anuncia, "os próximos capítulos" e, lembrando que na visão Aristotélica o mundo supralunar é perfeito em relação à Terra, Galileu acaba firmando sua visão de homogeneidade do cosmos dizendo que a Terra não é o refúgio de imundices e fezes.

3. Análise da Obra de Galileu

Na exposição do texto de Galileu buscamos identificar algumas de suas características narrativas. Contudo, pouco esclarecemos a respeito do que é esse tipo de texto. Podemos definir uma narrativa como uma história em que cinco questões básicas são respondidas (Gancho, 1997):

1 – O que aconteceu? (Enredo)
2 – Quem viveu os fatos? (Personagens)

3 – Como eles aconteceram? (Desenvolvimento do enredo)
4 – Onde se realizaram? (Espaço)
5 – Por que o ocorrido foi desta forma? (Desfecho do enredo)

Inicialmente Galileu define os objetos envolvidos, afirmando haver novas estrelas que apresentam um movimento diferenciado e que a Lua é um objeto diferente do que se considerava até então. Interpretamos esses elementos como as personagens, as estrelas e a Lua, e o enredo de uma história, novas formas de movimento e as mudanças de suas características. Podemos acrescentar o papel de Galileu como narrador e o céu como espaço onde os eventos que serão descritos ocorrem. Esse conjunto de elementos forma a base do texto narrativo, que já permite responder às questões 1, 2 e 4 e que estabelece as condições de desenvolvimento da história.

O aspecto narrativo mais interessante, entretanto, remete ao desenvolvimento e ao desfecho do enredo. Para que a narrativa tenha algum interesse é necessário que seu enredo se desenvolva para além da apresentação inicial. Caso todos os problemas já fossem resolvidos logo de início, não haveria por que contar a história. Isso faz que os elementos de complicação sejam necessários. Esses são os pontos de conflito que precisam ser resolvidos no desenvolvimento da narrativa. Contudo, eles somente serão solucionados no desfecho, quando todos os conflitos são eliminados e o final se torna claro. Quando afirmamos anteriormente que as entidades científicas criadas devem se submeter a diferentes situações, que ao mesmo tempo servem como forma de caracterização da entidade e como explicação para os fatos, esse processo de assemelha fortemente ao desenvolvimento do enredo. Em uma história as personagens são submetidas às mais diferentes situações e sua capacidade de resolver um possível problema ao mesmo tempo "explica" os fatos e ressalta seu caráter. Isso fará da personagem, por exemplo, um herói ou um vilão. As experiências de pensamento acabam por seguir o mesmo tipo de encadeamento lógico. Elas buscam verificar como uma entidade se comporta ante possíveis complicações. Além disso, o desfecho nos permite chegar a alguma conclusão, que representa de forma sintética a mensagem que o texto busca passar ao leitor.

É interessante destacar o ponto de que mesmo as histórias de ficção, que podem ir longe no uso da imaginação, precisam ser verossímeis. Isso quer dizer que, mesmo sendo invenção, o leitor deve ser capaz de acreditar no que lê. Essa credibilidade advém da organização lógica dos fatos. Como define uma estudiosa no assunto: "Cada fato da história tem uma motivação (causa), nunca é gratuito e sua ocorrência desencadeia inevitavelmente novos fatos (consequência)" (Gancho, 1997, p. 10).

Assim, a criação de uma história também é guiada por seus compromissos. Todavia, claramente esses não são comprometimentos de ordem epistemológica. São outros elementos que trazem coerência e coesão ao texto ficcional.

Este último ponto deve ter alguns de seus aspectos ressaltados. Quando defendemos que o texto científico é composto como uma narrativa, queremos notar quais são os elementos estruturais básicos de um texto científico (sobre uma descoberta ou invenção) que o aproximam de histórias de outra ordem, sobretudo ficcional. No entanto, certamente seria exagero afirmar que o texto do cientista é da mesma natureza ou qualidade do texto literário. Claramente o desenvolvimento da literatura incorpora muito mais elementos estéticos que são desconsiderados em nossa análise. Da mesma forma, o texto do cientista tem objetivos próprios que o tornam diferente de "uma boa história". Nossas "personagens" são muito simples e dependentes dos contextos explicativos. Além disso, um desfecho surpreendente em geral não é esperado em um texto científico. O que nosso trabalho quer mostrar é que para se discutir novos conceitos ou fenômenos um texto deve ser composto de uma estrutura que não obedece a uma racionalidade puramente lógica. Nessa mudança, características semelhantes às de uma composição narrativa, isto é, de uma história, são incorporadas, o que faz deste texto uma composição híbrida.

O estudo de cada passagem do texto envolveu a análise das figuras de linguagem ou tropos linguísticos. Muitas vezes, esses tipos de estudo, sobretudo de textos científicos, reduzem-se a discutir o papel da metáfora na construção de significados. Em nosso trabalho buscamos verificar o papel da metonímia e da sinédoque nesse desenvolvimento. Pela forma como elas são utilizadas por Galileu, vemos que cada uma acaba por ter uma função epistêmica diferente.

A metáfora é uma forma de construção de significado que compara dois objetos, e supostamente um deles é bem conhecido e serve como base para compreendermos o segundo. Contudo, esse é um processo que tem somente valor heurístico. Os objetos em sua totalidade continuam a ser vistos como entidades bastante distintas, de naturezas diferentes. Assim, seu papel como forma de validação de uma representação é muito pequeno. Com frequência, ela serve como forma de esclarecimento para o interlocutor. Por ser uma relação distanciada, em geral somente uma característica específica é definida neste processo. Quando lemos o texto de Galileu vemos que a cada novo elemento de análise ele constrói uma metáfora nova, por exemplo, comparando a superfície da Lua à superfície do mar, ou à cauda de um pavão, ou mesmo a determinados tipos de vidro. Em cada uma dessas metáforas, uma das qualidades da Lua é ressaltada. Assim, essa figura de linguagem ajuda no processo de caracterização do objeto, esclarecendo, sobretudo, como ele é.

A metonímia também envolve uma relação entre dois objetos. Contudo essa é uma forma de caracterização muito mais profunda. O objeto que serve como análogo é interpretado como um ser de mesma família. Isso faz que exista um conjunto de características estruturais que devem ser semelhantes entre ambos. Assim, um passa a ser a base de interpretação para o objeto desconhecido, passando os dois a serem equivalentes. Dessa forma, quando se questiona por que uma entidade nova se comporta de determinada maneira, a base da resposta é saber como seu equivalente se comportaria na mesma situação. É esse tipo de pensamento que guia toda a argumentação de Galileu. Como vimos, a comparação entre a Terra e a Lua é a base de toda a sua argumentação. Como os objetos têm uma equivalência ontológica, esse tipo de comparação faz que a explicação tenha um valor muito maior.

A sinédoque generaliza a metonímia. Isso faz que o trabalho de comparação seja eliminado. Com ela, cada entidade é definida por uma construção abstrata que define seu grupo de pertença. Assim, quando se afirma que um objeto é um corpo celeste, automaticamente esse ganha uma série de atributos que definirão suas qualidades e comportamentos. Esse tipo de generalização permite que qualquer tipo de inferência possa ser feita caso se conheça a família de pertença.

As considerações anteriores mostram como cada uma das figuras tem uma função diferente na elaboração do texto.

4. Considerações Finais

Iniciamos este trabalho discutindo a importância do Letramento Científico para o ensino atual. Em linhas gerais, trouxemos a compreensão que coloca a ciência como forma de pensamento no centro desse processo. Assim, educar é entendido como fazer que os sujeitos adquiram determinadas habilidades cognitivas presentes nas diferentes ciências.

O direcionamento anterior possibilita retomar, ademais, questões que fazem parte da literatura filosófica destinada a analisar as ciências. Quais são as formas de pensar que permitem o desenvolvimento do conhecimento científico? É muito comum associarmos a ciência a um tipo de pensamento que se resume à lógica formal. Essa visão foi muito presente na literatura filosófica até meados do século XX, mas diversos autores apontaram que a ciência não se resume ao uso de um "método universal" (Paty, 1993).

Embora atualmente seja aceito que as ciências admitem o uso da imaginação e da criatividade em sua elaboração, ainda são poucas as análises desses processos. Mediante o estudo linguístico do texto de Galileu, buscamos trazer subsídios para discutir novas possibilidades para o pensamento científico. Além de aceitar a liberdade intelectual do cientista na criação, buscamos rastrear seu processo de elaboração.

A análise do texto de Galileu permitiu-nos verificar que o pensamento pode se estruturar por meio da elaboração de uma narrativa. Para que fosse possível constituir uma nova visão sobre a Lua, bastante diferente da estabelecida à época, Galileu formulou um contexto problemático para a elaboração de seu texto. A nova visão da Lua se estabelece conforme o autor a submetia a diferentes contextos e, neles, verificava seu comportamento. Nesse processo, como apontamos, o uso de diferentes figuras de linguagem foi fortemente presente.

Em outros trabalhos (Gurgel, 2010) verificamos que a presença do pensamento narrativo não é apenas característica da obra de Galileu. No início da eletrodinâmica, nos anos 20 do século XIX, Hans. C. Oersted e André-Marie Ampère utilizaram formas semelhantes de pensamento na elaboração de suas ideias. Também apontamos a presença dessa forma de pensamento na elaboração da Teoria da Relatividade Geral (Cardoso; Gurgel, 2013). Esses exemplos ilustram situações em que uma grande novidade ocorreu no desenvolvimento científico. Assim, consideramos que essa forma de pensamento é mais frequente na ciência envolvida em processos iniciais de elaboração de um novo conteúdo.

Entendemos que, embora essa seja uma discussão teórica, ela pode ter importantes consequências para o ensino de ciências. Muitas das ideias hoje consolidadas e de longa história são muito novas para os estudantes. Em geral, exigimos que seu uso se limite à construção de enunciados formais que refletiriam um pensamento estruturado. Em aulas de Física, por exemplo, o uso dos conceitos praticamente se resume à resolução de exercícios numéricos desvinculados de contextos significativos.

Com o objetivo de trazer a dimensão narrativa do pensamento para as aulas de Física, em outras oportunidades, desenvolvemos atividades que envolviam a escrita criativa pelos alunos (Gurgel, 2010). Em linhas gerais, após serem apresentados a um conteúdo específico, os estudantes foram convidados a escrever uma história relacionada às temáticas das aulas. Em um caso, no contexto de ensino da Teoria da Gravitação, foi pedido que os alunos escrevessem uma história sobre o "Dia em que a gravidade mudou". Pensando em tudo que mudaria caso a constante gravitacional diminuísse, eles elaboraram textos autorais, tomando a ciência como fundamento. Os alunos indicavam elementos como a mudança das órbitas dos planetas, a facilidade em pular grandes obstáculos e, no limite, a possibilidade de "flutuar", caso o campo gravitacional fosse praticamente nulo.

Em outra oportunidade, os alunos desenvolveram histórias com base no título "A greve dos elétrons". O objetivo era fazer que os alunos refletissem sobre a presença da eletricidade nos mais diferentes contextos, como o funcionamento dos aparelhos. A situação anômala, e mesmo absurda, foi a maneira de fazer os alunos pensarem de modo criativo sobre os assuntos tratados. O mais interessante foi verificar que eles trouxeram para seus textos situações pouco triviais, relacionadas tanto à Física como à Química. Foram citados o funcionamento das baterias e o reflexo da luz pelos espelhos, cuja percepção não é trivial. Em ambas as experiências os alunos desenvolveram textos muito originais.

Consideramos que estratégias que não se resumam a atividades formais devem ser valorizadas na escola básica. Entre outros pontos, isso pode facilitar o ensino de conceitos científicos nas séries iniciais. Mesmo se os alunos tiverem dificuldades com a linguagem escrita, outras formas de contar histórias, como os quadrinhos ou *storyboards*, podem ser utilizadas. Assim, esperamos que as ciências sejam mais facilmente integradas à cultura geral dos indivíduos.

REFERÊNCIAS

CARDOSO, D.; GURGEL, I. A complementaridade das linguagens narrativas e matemática no contexto da gestação da relatividade geral. **Anais do XX Simpósio Nacional de Ensino de Física**. São Paulo: v. 20, 2013.

CHARAUDEAU, P.; MAINGUENEAU, D. **Dicionário de Análise do Discurso**. São Paulo: Contexto, 2008.

GALILEI, G. **O mensageiro das estrelas**. São Paulo: Scientific American Brasil Especial, 2009.

GANCHO, C. V. **Como analisar narrativas**. São Paulo: Ática, 1997.

GURGEL, I. **Elementos de uma poética das ciências**: fundamentos teóricos e implicações ao ensino. 2010. Tese (Doutorado) – Faculdade de Educação, Universidade de São Paulo. São Paulo, 2010.

NORRIS, S. P.; PHILLIPS, L. M. How literacy in its fundamental sense is central to scientific literacy. **Science Education**, vol. 87, n.2, 2003.

PATY, M. **Einstein philosophe**. Paris: PUF, 1993.

PIETROCOLA, M. A Matemática como estruturante do pensamento físico. **Caderno Brasileiro de Ensino de Física**, v. 19, n. especial, 2002.

REBOUL, O. **Introduction à la rhétorique**. Paris: PUF, 1991.

ROBERTS, D. Scientific Literacy/Science Literacy. In: ABELL, S. K.; LEDERMAN, N. G. (Ed.) **Handbook of research on science education**. New Jersey: Lawrence Erlbaum Associates, 2007.

SUTTON, C. **Words, science and learning**. Buckingham: Open University Press, 1995.

_____. Ideas sobre la ciencia e ideas sobre el lenguage. **Alambique Didactica de las Ciencias Experimentales**, n. 12, 1997.

_____. New perspectives on language in science. In: FRASER, B. J.; TOBIN, K. G. (Ed.) **International handbook of science education**. Londres: Kluwer Academic Publiser, 1998.

TODOROV, T. **As estruturas narrativas**. São Paulo: Perspectiva, 2003a.

_____. **Poética da prosa**. São Paulo: Martins Fontes, 2003b.

VIDEIRA, A. A. P. **As descobertas astronômicas de Galileu Galilei**. Rio de Janeiro: Vieira e Leite, 2009.

YORE, L. D. et al. Examining the literacy component of science literacy: 25 years of language arts and science research. **International Journal of Science Education**, v. 25, n. 6, 2003.

YORE, L. D.; TREAGUST, D. F. Current realities and future possibilities: language and science literacy – Empowering research and informing instruction. **International Journal of Science Education**, v. 28, n. 2, p. 291-314, 2006.

capítulo 8

❖

Formação preliminar, inicial e contínua de professores de linguagem da Educação Infantil ao Ensino Fundamental: o contexto de inserção das atividades linguísticas e epilinguísticas

IDMÉA SEMEGHINI-SIQUEIRA[1]

GEMA GALGANI R. BEZERRA[2]

No Brasil, quando o assunto é a busca de argumentos para **explicar a ineficácia da escola** ou do sistema educacional, três tópicos são focalizados de imediato: "alunos com dificuldades de aprendizagem", "formação deficitária dos professores" e "falta de investimentos". Um dos objetivos deste texto é desmistificar essa simplificação, essa abordagem limitada ou pouco abrangente do problema, que tem ocorrido, comumente, em espaços/ambientes não educacionais. Tal temática

---

[1] Bacharelado e Licenciatura em Letras Neolatinas (1964-1967), Mestrado em Língua Portuguesa e Doutorado em Linguística pela FFLCH-USP, Pós-Doutorado na Université Paris XIII, Livre-Docente pela Faculdade de Educação da USP onde atua na Graduação (Pedagogia e Licenciatura) e na Pós-Graduação (Área de Concentração 6: Educação, Linguagem e Psicologia / linha de pesquisa: Oralidade, Alfabetização, Multiletramentos e Arte). Coordena o Grupo de Pesquisa Diversidade Cultural, Linguagem, Mídias e Educação. E-mail: isemeghi@usp.br

[2] Bacharelado e Licenciatura em Letras pela FFLCH-USP, Mestre e Doutora em Educação, pela FEUSP. Foi coordenadora pedagógica na Rede Municipal de Ensino de São Paulo, professora temporária na Faculdade de Educação da USP e, atualmente, é professora efetiva no Instituto Federal de Educação, Ciência e Tecnologia de São Paulo (campus Guarulhos). Integrante do Grupo de Pesquisa Diversidade Cultural, Linguagem, Mídias e Educação. E-mail: gemagalgani@ifsp.edu.br

requer, inicialmente, reflexões a partir de uma complexidade de tópicos, referentes **ao contexto de inserção/imersão das crianças e dos jovens brasileiros nas escolas**, especialmente públicas, levando-se em consideração a democratização do ensino, que teve origem na década de 1970, e as atuais interações por meio do ciberespaço neste início do século 21.

É considerável o número de pesquisas nacionais (Ribeiro, 2004; Soares, 2004) e publicações em diferentes mídias (Schleicher, 2008, 2012) que demonstram interesse em encontrar soluções para minimizar o problema em questão. Por meio de uma das avaliações, o **Índice Nacional de Alfabetismo** (INAF: 2001, 2003, 2005), foi confirmado, em 2005, que somente 26% dos jovens brasileiros que concluíram o 8º ano do Ensino Fundamental (EF) poderiam ser considerados leitores proficientes/fluentes (Brito, 2007). Como a língua materna tem papel decisivo na construção do conhecimento, houve a conscientização de que são limitadas as condições de 37% dos jovens e rudimentares as de 30% (além dos 7% de analfabetos), para exercer o direito de cidadania em uma sociedade grafocêntrica interconectada com o ciberespaço, assim como serão restritas também as suas contribuições para o desenvolvimento do país.

Quando o assunto for a **questão da educação no Brasil**, com ênfase na **aprendizagem e no ensino de linguagem**/Língua Materna (LM)/Língua Portuguesa (LP), o foco terá de ser direcionado ao menos para: a situação econômica, financeira, política e sociocultural do país, que determina as condições das famílias; o papel das diferentes mídias; o acesso às novas tecnologias de comunicação e informação; o acesso aos bens culturais; o acesso à diversidade de recursos disponíveis nas escolas públicas ou particulares e a formação preliminar, inicial (no ensino superior) e contínua dos professores.

Por **formação preliminar**, compreendemos **as vivências de cada professor(a)**, desde a infância: [a] na família; [b] na sociedade/no entorno sociocultural (na interação que ocorria na "rua" em que residia, biblioteca pública, biblioteca infanto-juvenil, centros culturais, mídias, livrarias, igrejas/templos, clubes esportivos, escola de samba, parques, entre outros ambientes); e [c] nos espaços educacionais (Educação Infantil – EI, Ensino Fundamental – EF e Ensino Médio – EM), ou seja, nos espaços de escolarização formal, em que pesam de forma mais determinante as aulas de seus antigos professores de língua materna, das quais se "coletaram" os elementos característicos que os então alunos foram construindo/concebendo como o "gênero" AULA DE LÍNGUA PORTUGUESA.

No texto "Brincar com linguagens na Educação Infantil: espaço-tempo para falar, ouvir, cantar, representar, desenhar/pintar, ler e escrever", disponível no site do MEC, TV Escola – Salto para o Futuro, Semeghini-Siqueira (2013) apresenta **o caminho de investigações percorrido** (no contexto de formação de professores que atuarão em ensino e aprendizagem de LM) para localizar **um dos pontos cruciais do problema** que tem posicionado os jovens brasileiros de 15 anos nos últimos lugares nos testes de avaliação internacional, promovidos pela Unesco (Pisa: 2000, 2003, 2006, 2009, 2012), ou seja, **o grau restrito de letramento após 8 ou 9 anos de escolarização.**

Nesse texto, a autora relata que, nas décadas de 1970 e 1980, ao atuar inicialmente em cursos de Letras, o foco das pesquisas e reflexões se voltava, prioritariamente, para LÍNGUA (Linguística) e LITERATURA (Literatura Infantil e Teoria Literária). A partir da década de 1990, na Faculdade de Educação da USP, nos cursos de Pedagogia e de Licenciatura, ocorreu um encontro significativo com a **escola:** ALUNOS – PROFESSORES – GESTORES E COORDENADORES (responsáveis pelos recursos e ambientes). De modo mais explícito, esse envolvimento intenso viabilizou a conscientização de que o ENSINO terá de se reorganizar, criar condições para o desenvolvimento contínuo da APRENDIZAGEM DE LM, no contexto das **escolas públicas** de um país subdesenvolvido, em que professores e alunos convivem, cotidianamente, com os **efeitos evidentes/perversos das desigualdades sociais.**

Desse modo, por meio de pesquisas referentes à leitura e produção escrita de educandos do EF I e II e, sobretudo, **pela LEITURA para avaliação semestral de 100 ou mais RELATÓRIOS DE ESTÁGIO SUPERVISIONADO de graduandos**, desde a década de 1990, há fortes evidências de que problemas relativos à APRENDIZAGEM de LM estão se agravando em escolas públicas do EF II da Grande São Paulo, destinadas a alunos de 11 a 15 anos. Precisamente, no primeiro semestre de 2013, a partir de **relatórios de estágio**, elaborados por graduandos de Letras, no curso de Licenciatura da Faculdade de Educação da USP, nas disciplinas *Metodologia do Ensino de Língua Portuguesa* I e II (MELP I-II), **o problema já está configurado no 6º ano do EF II**: em cada classe, há um número significativo de alunos que não sabem ler e escrever. Alguns não estão "alfabetizados" (às vezes conseguem até ser copistas) e outros não compreendem o texto que tentam decifrar. É preciso ressaltar que não se trata de alunos com dificuldades relativas a deficiências intelectuais, que requerem a participação de educadores especializados para que a inclusão se concretize.

Com relação a essas defasagens, relativas às competências e habilidades de uso da LP, constatadas por meio de entrevistas, questionários e avaliações diagnósticas de produções escritas desses alunos, os **ESTAGIÁRIOS/futuros professores de LP,** ao realizar uma das modalidades de estágio, **"estudo de caso" de aluno do 6º ano de escola pública,** estiveram em busca de respostas para algumas perguntas, a saber:

❖ De 0 aos 5 anos, quais as condições de vida propiciadas pelas famílias às crianças?

❖ Até os 5 anos, essas crianças tiveram acesso a Educação Infantil (creche e pré-escola) de qualidade? Havia diversidade de brinquedos disponíveis? Qual o acervo de livros de Arte Visual e Literatura Infantil? Havia mediadores para contação de histórias e para cantigas?

❖ No EF I (alunos de 6 a 10 anos), quanto tempo era reservado no dia a dia e como era constituído o ambiente destinado a atividades com oralidade, leitura e escrita? Propostas desafiadoras e lúdicas?

❖ Para trabalhar com linguagem (verbal e não verbal), qual a formação dos professores de EI e de EF I?

❖ Que recursos educacionais, incluindo a biblioteca/sala de leitura e ambientes que envolvem as novas tecnologias de informação e comunicação (TICs) estiveram disponíveis tanto na EI como no EF I?

Para complementar esse relato, referente a uma das modalidades de estágio na formação inicial de professores de LM, um **estudo do/no contexto educacional** explicita outros aspectos. Na tese de doutorado, *Contingências do trabalho docente na escola pública: ensinar a ler e a escrever num contexto de mudança*, Bezerra (2010), no intuito de priorizar práticas que favorecessem **a formação de alunos leitores e produtores de textos no EF II**, e não apenas copistas e decifradores, discutiu **a formação de professores** e verificou a interferência de diversos aspectos que repercutiam negativamente nas práticas educacionais. Assim, partindo do pressuposto de que o desenvolvimento dessas capacidades requer constantes oportunidades de acesso à cultura escrita para o **aprendizado**, concomitantemente a um **ensino** deliberado e contínuo de leitura e produção textual ao longo de toda a escolaridade básica, por professores de diferentes disciplinas, a autora propôs-se a buscar respostas para duas questões.

❖ Qual a natureza das dificuldades enfrentadas pelos professores do EF II ao buscarem procedimentos de ensino pertinentes a fim de promover a aprendizagem dos seus alunos?

❖ Que contingências relacionadas ao ensino da leitura e da escrita, deliberado ou não, estão presentes no trabalho do professor do EF II da escola pública, facilitando ou dificultando os processos de ensino e aprendizagem?

Verificou-se, assim, que diversos fatores concorrem para determinar o modo como os docentes efetivam suas práticas, não se tratando, como supõe uma maneira simplista de interpretar o problema, de aplicar um saber teórico a situações concretas de ensino. A prática é também – ou até principalmente – formadora da ação pedagógica.

Algumas das contingências identificadas no trabalho de campo que interferem de modo negativo na implementação de um trabalho efetivamente voltado à formação do aluno leitor e produtor de textos foram as seguintes: fundamentação teórica inconsistente dos educadores; precariedade ou insuficiência de condições materiais de trabalho; ausência de uma biblioteca em pleno funcionamento; ações didáticas que traduzem, na prática, decisões e opções individuais, pois as discussões coletivas não ultrapassam o nível retórico da exposição e troca de opiniões; frustrações decorrentes do descompasso entre o que os professores gostariam de fazer e o que conseguem de fato realizar; rejeição dos alunos às atividades de leitura (decorrentes de impropriedades metodológicas na proposição das atividades, de resistências pessoais determinadas por histórias pregressas negativas ou, ainda, de valores e interesses incompatíveis com os legitimados pela escola e pela cultura letrada de maneira geral); dificuldades de leitura dos alunos, que se traduzem em maus resultados nas avaliações escritas, intensificando sua resistência a atividades nas quais experimentam sistematicamente o sentimento de fracasso e incompetência (Bezerra, 2010).

Há muitos elementos que precisam ser considerados quando se propõem ações **de melhoria da educação pública.** O investimento na atualização de conhecimentos teóricos e metodológicos, seja pela revisão do currículo na formação inicial, seja pela implementação sistemática de ações de formação contínua, precisa ser articulado a ações de melhoria da escola como um todo, como instituição, uma vez que, a despeito da inegável importância da formação docente no conjunto de transformações necessárias à melhoria desse quadro – alunos que permanecem com sérias dificuldades para ler e escrever, mesmo após oito ou mais anos de escolarização –, dificilmente o contexto de atuação do professor, como mostrou a pesquisa de Bezerra (2010), favorece a tomada de decisões amparadas única ou prioritariamente em opções teóricas conscientes. É preciso, pois, **relativizar as expectativas quanto ao papel da escola e dos professores**, que parecem superestimadas no **conjunto de ações que a sociedade precisa implementar** para que a qualidade do ensino melhore de modo significativo.

1. Aulas de Linguagem: o Verbal e o Não Verbal se Entrelaçam?

Quando o termo "linguagem" é utilizado, é possível que o autor de um texto teórico esteja focalizando o **entrelaçamento do verbal com o não verbal** (tanto na oralidade quanto na escrita) ou visando prioritariamente discutir **linguagem verbal** (que envolve textos, palavras escritas ou orais), isto é, **questões pertinentes à língua** (materna ou estrangeira). É importante que os leitores se familiarizem com a abrangência do termo "linguagem" para que a leitura seja mais apropriada. Semeghini--Siqueira (2013, p. 27) aponta alguns elementos para explicitar essas concepções:

> Na maioria das brincadeiras com crianças, a **linguagem verbal** (o termo verbal, do latim *verbum*, significa palavra, matéria-prima dos textos construídos ao falar, ouvir, ler e escrever) e a **linguagem não verbal** (constituída por desenhos/pinturas, gestos, movimentos, músicas...) **se entrelaçam**. Simultaneamente, lemos: palavras/textos, formas, volumes, planos, cores, luzes, elementos gráficos, setas, movimentos, sons, olhares, gestos, acontecimentos... Lemos o mundo. Utilizamos nosso universo interior perceptivo, afetivo e cognitivo-ideológico a fim de que se processe a leitura por meio do diálogo entre nós e o objeto lido. É preciso ressaltar, também, que uma concepção interacional e sociodiscursiva da linguagem está subjacente às questões discutidas nesta investigação. Para Bakhtin (1981, p. 123): "A interação verbal constitui a realidade fundamental da língua". O foco é dirigido aos usuários da língua, a ação dos interlocutores para a produção de sentido.

No artigo, "*Atividades de oralidade, leitura e escrita significativas: a construção de minidicionários por crianças com a mediação da professora*", Semeghini-Siqueira (2006c) discute princípios básicos, ou seja, uma série de pistas que têm contribuído para reinventar a formação do professor de língua materna, constituindo o cerne das atividades desenvolvidas com alunos de graduação da Pedagogia e da Licenciatura em Letras na Faculdade de Educação da USP e com alunos-professores em cursos de formação contínua. Nos anos seguintes, outros princípios foram acrescentados e estão incluídos nesta relação, a saber:

❖ Relatos orais e escritos sobre HISTÓRIA DE VIDA (formação preliminar), concernentes às representações dos professores sobre a linguagem (verbal e não verbal); aprendizagem de leitura e escrita; as aulas de Língua Portuguesa de seus professores do Ensino Básico.

❖ A concepção dialógica e sociointeracional da linguagem. Apropriação de conhecimentos teóricos específicos sobre LÍNGUA e LITERATURA no curso de Letras, incluindo questões sobre variação linguística e norma urbana culta.

❖ EDUCAÇÃO-ESCOLA para crianças e jovens no Brasil: passado, presente e futuro.

❖ Competências necessárias para atuação de todos os professores do EF neste início do século XXI:
  – gestor da interação professor-aluno e aluno-aluno, portanto, do campo relacional e
  – gestor do processo de ensino e aprendizagem de XYZ.

❖ Efeitos da acentuada desigualdade social no ambiente familiar, no que tange a acesso ao universo letrado, e o significado de um letramento emergente estimulante na Educação Infantil para viabilizar o processo de alfabetização "sem estigmas".

❖ Os desafios e a ludicidade na aquisição das modalidades oral e escrita da língua, priorizando o interesse dos alunos em cada contexto sociocultural.

❖ Avaliação diagnóstica e formativa: a partir de história de vida, leitura silenciosa (compreensão), leitura oral e produção escrita. Ao realizar ADeF de textos pragmáticos/informativos escritos pelos alunos de uma classe X, será possível elaborar, de modo mais consciente, um planejamento direcionado a alunos "reais".

❖ Magia/Arte e informação: eixos para propostas de atividades de oralidade, leitura e escrita em diferentes gêneros e em diversas mídias.
  – eixo da Magia/Arte: desenvolvimento de propostas lúdico-artísticas a partir de textos literários, envoltos por atividades artísticas e
  – eixo da informação: em foco textos informativos de diversos campos de conhecimento (interdisciplinaridade), por meio de sequências didáticas.

❖ Biblioteca Escolar e Sala de Leitura: usuários, acervos e ambientes de interação midiática.

❖ Laboratório de Informática: o uso das Tecnologias de Informação e Comunicação (TICs) no ensino e aprendizagem de língua materna.

❖ GRAMÁTICA 1-2-3. Propostas para o desenvolvimento da produção escrita, a partir de ADeF, por meio de atividades linguísticas, epilinguísticas e metalinguísticas.

Neste texto, o foco estará voltado, prioritariamente, para esse último tópico.

2. DELINEANDO UM PROBLEMA: DA GRAMÁTICA ESCOLAR À GRAMÁTICA 1-2-3 (G1-G2-G3)

O desempenho insatisfatório em leitura e produção escrita, apresentado por muitos alunos egressos do Ensino Fundamental (EF), e o investimento historicamente realizado pelos professores de Língua Portuguesa no ensino de gramática escolar (Neves, 2003; Semeghini-Siqueira, 1998, 2006) levam-nos a concluir que tal ensino não tem contribuído, de forma geral e sistemática, para promover uma aprendizagem significativa de leitura e produção textual, entendidas como competências complexas a serem desenvolvidas pelos alunos. Desse modo, fundamentando-nos em diversos autores Franchi (1992, 2006); Geraldi, 1985, 1997, 2002; Travaglia, 1996; Possenti, 1996, Perini, 2005; Marcuschi, 2001; Franchi, 1984; Ilari, 2002, 2003; SÃO PAULO (Estado) SEE, 1977; Semeghini-Siqueira, 1997, 1998, 2006a-b-c, 2013, 2014a-b, 2015), que propõem uma abordagem mais "funcional" da gramática enquanto objeto de estudo na escola, tomamos o conceito de atividade epilinguística (ou de "GRAMÁTICA 2") para justificar uma revisão do ensino e aprendizagem de gramática no EF.

Nesse contexto, ainda que o problema seja evidente pelo desempenho linguístico insatisfatório de um expressivo número de alunos que concluem o Ensino Fundamental (hoje, de nove anos), não podemos perder de vista a perspectiva do que ocorre ao longo de todo esse processo. É certo que oito/nove anos de escolaridade deveriam garantir um domínio básico de leitura e escrita a todos os alunos que usufruem o direito legalmente instituído a um nível de ensino obrigatório e gratuito. No que concerne ao ensino e aprendizagem da língua materna, consideramos como habilidades mínimas esperadas do educando, para que possa inserir-se plenamente na sociedade letrada de que fazemos parte, **a leitura fluente e** a **produção escrita coerente e coesa**, além de um bom desempenho em situações que demandam o uso de gêneros orais mais monitorados. Não obstante, não é isso o que ocorre de forma geral, certamente por razões de naturezas diversas.

Em razão do exposto, e no sentido de colaborar para tornar mais apropriados o ensino e a aprendizagem da modalidade escrita da língua materna aos nossos "alunos reais do EF", refletiremos sobre o contexto de inserção das atividades linguísticas e epilinguísticas na SALA DE AULA, imaginando como leitores prioritários deste texto, OS PROFESSORES, tanto em formação inicial como continuada.

No Brasil, Carlos Franchi foi o primeiro linguista, pesquisador e professor, a se dedicar a essa temática, não só discutindo a fundamentação teórica, mas também visando necessariamente uma articulação com o ensino e aprendizagem de língua materna, como veremos no item 4 deste texto.

Em dois trabalhos publicados, Franchi (1992 e 2006) faz referência ao uso da expressão "atividade epilinguística" pelo pesquisador francês Antoine Culioli (1967, 1968) e às suas reflexões concernentes ao desenvolvimento do conceito. Outro autor, Auroux (1989), atribui também a Culioli as reflexões iniciais referentes ao conceito de "epilinguismo".

3. Na França, as Origens e/ou "as Fontes" da Expressão "Atividade Epilinguística"

No artigo "La communication verbale", Culioli (1967) discute questões inerentes aos estudos linguísticos frequentes nesta década, como: linguagem e comunicação; codificação e decodificação; unidades distintivas e unidades significativas; significado e significante; correspondência entre a linguagem e o real; o papel institucional da linguagem; descrição de uma língua e os modelos de análise linguística. Foi possível verificar, também, que Culioli, além de linguista, era professor de língua estrangeira e atuava no Institut D'Anglais – Sous section de Linguistique – Paris. Neste texto de 1967, não foi localizada a expressão "atividade epilinguística".

Em Culioli (1967 e 1968 e em outras publicações), o conceito de epilinguismo é inserido em um rol de questões teóricas, nas quais Franchi se fundamentou, para conceber propostas inovadoras no âmbito do ensino e aprendizagem de língua materna, que era seu principal foco de interesse.

Em um livro publicado em 2005 (Culioli e Normand), *Onze rencontres sur le langage et les langues*, resultante de interação entre Antoine Culioli e Claudine Normand, as discussões envolvendo o **grau de consciência subjacente** às atividades epilinguísticas continuam vigentes em textos teóricos atuais e pontos pertinentes do diálogo remetem a novas reflexões.

> NORMAND: Mas o Senhor me diz: "você refletiu", então isso se torna uma operação consciente? [p. 110]
>
> CULIOLI: Porque "refletir" é interpretado como uma operação consciente; então, encontremos um verbo – mas não há nenhum – que indique que isto dá voltas em nossa cabeça. [p. 110]
>
> [...]
>
> NORMAND: Então um fato epilinguístico é a sua maneira de dizer: eis porque existe a língua e como ela funciona. [p. 112]
>
> CULIOLI: *Voilà*! Exatamente! Estou de acordo! E **este termo** *epilinguístico* é proveniente de 3 fontes: a primeira é meu mal-estar em não poder designar isto; a segunda é **Bresson, o especialista de psicologia cognitiva que me sugeriu epilinguístico, então eu guardei este termo**; a terceira é que eu tinha lido sobre a epigênese e concernente aos "*chréodes*", quer dizer, os caminhos estabilizados entre os caminhos possíveis (Danchin, 1983) (grifo nosso) [p. 112].[3]

---

3   NORMAND: Mais vous me dites: "vous réfléchissez", alors ça devient une opération consciente?
    CULIOLI: Parce que "réfléchir" est interprété comme une opération consciente: alors trouvons un verbe – mais il n'y en a pas! – qui indique que ça tourne dans notre tête. (p.110)
    [...]
    NORMAND: Donc en fait l'épilinguistique, c'est votre façon de dire: voilà pourquoi il y a de la langue et comment elle fonctionne.
    CULIOLI:Voilà! Exactement! Je suis d'accord. Et ce terme d'épilinguistique m'est venu de trois sources: la première, c'était ma gêne à ne pas pouvoir désigner cela; la deuxième c´est Bresson, le spécialist de psychologie cognitive, qui m'a suggéré épilinguistique - et je sais qu'il avait perçu de quoi il s'agissait, donc j'ai gardé ce terme; la troisième, c'est ce que j'avais lu à propos de l'épigénèse et concernant les *chréodes*, c'est-à-dire les chemins stabilisés parmi les chemins possibles.
    Texto extraído do livro: CULIOLI, A.; NORMAND, C. *Onze rencontres sur le langage et les langues*. Paris : OPHRYS, 2005. p. 112.

Dessa interação extremamente profícua, neste livro de 2005, sobre "a linguagem e as línguas", podemos vislumbrar a importância da conceituação que o termo "epilinguístico" recobre para pesquisas em diversas áreas do conhecimento.

Um ponto relevante a ser estudado ainda, no que tange ao **grau de consciência subjacente** às atividades epilinguísticas, refere-se às possíveis diferenças existentes na aprendizagem e no ensino de LÍNGUA MATERNA e de LÍNGUA ESTRANGEIRA.

4. No Brasil, o Legado de Carlos Franchi: "Brincar com a Linguagem" no Contexto de Ensino e Aprendizagem de LM

Com relação ao livro *Mas o que é mesmo "gramática"?*, de Franchi; Negrão; Müller (2006), encontra-se, na "APRESENTAÇÃO", de Sírio Possenti, a declaração que há muito tempo ele tinha o desejo de ver editados em conjunto "*alguns textos de Carlos Franchi escritos para serem lidos por professores*" uma vez que, na década de 1980:

> (...) Franchi era certamente o linguista mais aparelhado para formular os textos necessários para pensar o lugar da língua na escola, porque acumulava as experiências de um professor extremamente competente e inovador e uma sofisticadíssima formação teórica, somadas a uma posição política lúcida e longe de ser aventureira. (p. 7)

Partindo do princípio de que **nosso público-alvo é também constituído por professores que trabalham com LINGUAGENS** e, mais especificamente, com linguagem verbal/língua materna/Língua Portuguesa, atuantes na Educação Infantil e nos primeiros anos do Ensino Fundamental (EF-I), como professores "polivalentes" (graduados em Pedagogia) e, nos anos finais (EF-II), como professores de Língua Portuguesa (graduados em Letras) – sem excluir todos os outros que trabalham com diferentes áreas do conhecimento e, portanto, com diferentes linguagens, verbais e não verbais –, **apoiamo-nos nas contribuições de Carlos Franchi**, como ponto de partida para pensarmos no contexto de inserção das atividades epilinguísticas na escola, à luz de um trabalho voltado à renovação do tratamento dispensado ao ensino e aprendizagem de questões gramaticais e, de modo mais amplo, de questões linguísticas.

Vale a pena ressaltar **o lugar de onde falava o linguista Carlos Franchi** – pesquisador e professor – e para quem falava nos textos editados originalmente pela Coordenadoria de Estudos e Normas Pedagógicas (CENP), da Secretaria de Estado de Educação de São Paulo: **falava para professores**. Franchi tinha, então, a preocupação de esclarecer, naquele contexto da década de 1990, em que tantas afirmações provenientes de diferentes correntes de produção do saber chegavam a confundir os professores acerca da pertinência ou não pertinência do ensino de gramática para alunos do então ensino de 1º grau, o que se sabia e o que se devia saber sobre gramática e o modo como era praticada na atividade escolar.

Assim, temos algumas concepções de gramática definidas por Franchi (2006, p. 16-25), extraídas do original e agrupadas no **Quadro 1**.

Concepção de gramática	Definição	O que significa "saber gramática"?
GRAMÁTICA INTERNA	Corresponde ao saber linguístico que o falante de uma língua desenvolve dentro de certos limites impostos pela sua própria dotação genética humana, em condições apropriadas de natureza social e antropológica. (Franchi, 2006, p. 25)	Não depende, em princípio, da escolarização, ou de quaisquer processos de aprendizado sistemático, mas da ativação e amadurecimento progressivo (ou da construção progressiva), na própria atividade linguística, de hipóteses sobre o que seja a linguagem e de seus princípios e regras. (Franchi, 2006, p. 25)

Quadro 1. Concepções de gramática, segundo Carlos Franchi (2006) *(continua)*

Concepção de gramática	Definição	O que significa "saber gramática"?
GRAMÁTICA DESCRITIVA	Sistema de noções mediante as quais se descrevem os fatos de uma língua, permitindo associar a cada expressão dessa língua uma descrição estrutural e estabelecer suas regras de uso, de modo a separar o que é gramatical do que não é gramatical. (Franchi, 2006, p. 22)	Significa ser capaz de distinguir, nas expressões de uma língua, as categorias, as funções e as relações que entram em sua construção, descrevendo com elas sua estrutura interna e avaliando sua gramaticalidade. (Franchi, 2006, p. 22)
GRAMÁTICA NORMATIVA	Conjunto sistemático de normas para bem falar e escrever, *estabelecidas* pelos especialistas, com base no uso da língua consagrado pelos bons escritores. (Franchi, 2006, p. 16)	Significa dizer que esse alguém "conhece essas normas e as domina tanto nocionalmente quanto operacionalmente". (Franchi, 2006, p. 16)

Quadro 1. Concepções de gramática, segundo Carlos Franchi (2006) *(continuação)*

Franchi afirmava, na década de 1990, que a concepção de gramática predominante na maioria das práticas escolares era a de GRAMÁTICA NORMATIVA, como ficou também evidenciado em vários estudos que procuraram desvelar "o que, o como e o para quê" das aulas de português como língua materna. Neves (2003), no conhecido estudo sobre o tratamento da gramática na escola, faz importantes considerações a respeito. Pesquisando 170 indivíduos divididos em seis grupos de professores de Língua Portuguesa de 1º e 2º graus (hoje os chamados Ensino Fundamental e médio, respectivamente), a autora solicitou que formulassem os exercícios mais aplicados aos alunos e chegou a resultados bastante reveladores da tônica **das aulas de português**. Os dois tópicos mais contemplados nas atividades formuladas pelos professores – classes de palavras e sintaxe – totalizaram cerca de 75% das indicações docentes.

Semeghini-Siqueira (1998) discute o peso das práticas educativas de gramática, redação e leitura para alunos do EF em português, ao descrever um estudo exploratório realizado a partir de Relatórios de Estágios de licenciandos que supervisiona. Quando foi organizada a média das porcentagens atribuídas pelos graduandos às atividades observadas durante as aulas de português, constatou-se que cerca de 60% do tempo das aulas destinava-se a atividades gramaticais, especificamente aquelas voltadas a uma abordagem metalinguística (com foco na nomenclatura e sistemas classificatórios).

As origens dessa concepção normativa de gramática, se investigadas a fundo, revelam conformações ideológicas repletas de preconceitos, como já evidenciaram diversos autores. Mesmo se nos remetermos à definição de Franchi para gramática descritiva, devemos lembrar o alerta lançado pelo autor sobre a aparência de neutralidade e cientificismo que pode esconder, embora não necessariamente, a opção por determinados fatos da linguagem considerados dignos de descrição e a exclusão de outros fatos rejeitados como vulgares, de modo que, na prática escolar, a gramática descritiva pode incorporar os mesmos preconceitos da gramática normativa, transformando-se em "instrumento para as prescrições da gramática normativa".

Franchi (2006) ressalta, ainda, a importância de distinguir "gramática interna" do falante da **"gramática" concebida como construção teórica, dos gramáticos e linguistas**. Esta última consiste, em linhas gerais, como já explicitamos anteriormente ao citarmos as definições do autor, na construção de *"um sistema de noções e uma metalinguagem que permitam falar da linguagem e descrever (ou explicar) os seus princípios de construção"* (2006, p. 31). Assim, conclui:

> Tem razão, pois, os que afirmam que estudar esta gramática dos gramáticos e linguistas não contribui em quase nada para o amadurecimento e desenvolvimento da linguagem oral ou escrita de nossos alunos. Talvez se pudesse pensar em um proveito indireto, em períodos bem mais avançados de construção do texto, quando esta se torna um trabalho de reestruturação e recomposição. (Franchi, 2006, p. 31-32)

Com o propósito de explicitar procedimentos propriamente pedagógicos do trabalho com linguagem, mais do que enveredar por filigranas teóricas que não podemos tratar com o devido rigor no restrito espaço desse texto (o que não implica desconsiderar a importância de sólida formação teórica para o exercício da docência), procuramos, na esteira de Franchi, a partir da conceituação de atividades linguísticas, epilinguísticas e metalinguísticas, contribuir para a formação inicial e contínua dos educadores que atuam como professores de língua Materna/Língua Portuguesa. Para tanto, tal como fizemos no quadro que sintetiza em linhas gerais as concepções de gramática, segundo Franchi (2006), apresentamos o Quadro 2, que sintetiza os conceitos em questão.

Atividade linguística [AL]	É o exercício pleno, circunstanciado, intencionado e com intenções significativas da própria linguagem. Ela já se dá, obviamente, nas circunstâncias cotidianas da comunicação no âmbito da família e da comunidade de nossos alunos. E somente pode reproduzir-se, na escola, se esta se tornar um espaço de rica interação social que, mais do que mera simulação de ambientes de comunicação, pressuponha o diálogo, a conversa, a permuta, a contradição, o apoio recíproco, a constituição como interlocutores reais do professor e seus alunos e dos alunos entre si. Em outros termos, há que se criarem as condições para o exercício do "saber linguístico" das crianças, dessa "gramática" que interiorizaram no intercâmbio verbal com os adultos e seus colegas. (p.95)
Atividade epilinguística [AE]	Prática que opera sobre a própria linguagem, compara as expressões, transforma-as, experimenta novos modos de construção canônicos ou não, **brinca com a linguagem**, investe as formas linguísticas de novas significações. Não se pode ainda falar de uma "gramática" no sentido de um sistema de noções descritivas, nem de uma metalinguagem representativa como uma nomenclatura gramatical. Não se dão nomes aos bois nem aos boiadeiros. O professor, sim, deve ter sempre em mente a sistematização que lhe permite orientar e multiplicar essas atividades. (p. 97-98) [grifo nosso]

Quadro 2. Atividades linguísticas, epilinguísticas e metalinguísticas, segundo Franchi (2006) *(continua)*

ATIVIDADE METALINGUÍSTICA [AM]	Os exercícios gramaticais, quase todos se situam ao nível da metalinguagem, ou seja, o de adquirir um sistema de noções e uma linguagem representativa (na verdade, uma nomenclatura) para poder falar de certos aspectos da linguagem. (...) resumem-se a exercícios analíticos e classificatórios com pequena relação com os processos de construção e transformação das expressões, com a propriedade e adequação do texto às intenções significativas, com a exploração da variedade dos recursos expressivos para o controle do estilo. (p. 74)

Quadro 2. Atividades linguísticas, epilinguísticas e metalinguísticas, segundo Franchi (2006) *(continuação)*

Franchi ressalta que a prática epilinguística começa na oralidade, na aquisição da linguagem, "*quando a criança se exercita na construção de objetos linguísticos mais complexos e faz hipóteses de trabalho relativas à estrutura de sua língua*" (2006, p. 97), mas tal prática pode ser intensificada no trabalho escolar, quando se criam as oportunidades e se propõem atividades com o objetivo deliberado de exercitar os alunos na apropriação dos diversos recursos da língua/linguagem verbal. Logo, **a atividade epilinguística pode ocorrer em graus diferenciados de consciência**: desde um nível que beira a **não consciência**, ainda que implique reflexão sobre diferentes formas de dizer – uma reflexão mais "automática" –, até um nível de reflexão intensa, **muito consciente** – por exemplo, quando revisamos e reescrevemos textos, adequando os recursos linguísticos aos inúmeros efeitos de sentido possíveis e pretendidos –, atividade esta que pode e deve ser provocada e estimulada pelo professor.

Quando o autor afirma que "*todas as primeiras séries da vida escolar deveriam estar voltadas, prioritariamente, para as atividades linguísticas e epilinguísticas*" (2006, p. 95), lembramos que, à época em que ele escreveu esse texto (edição original de 1987), as primeiras séries da vida escolar da grande maioria dos alunos da escola pública correspondiam às séries iniciais do Ensino Fundamental. Hoje, embora o acesso à Educação Infantil ainda não tenha sido universalizado, um número bem maior de crianças já tem iniciado sua trajetória escolar nesse nível de ensino, o que implica a absoluta e imprescindível necessidade de um trabalho intenso, rico, lúdico e sistemático que envolva a proposição de atividades linguísticas e epilinguísticas, nas modalidades oral e escrita da linguagem, desde a mais tenra idade.

As atividades metalinguísticas, tais como são praticadas na escola, além de não contribuírem para alavancar o desenvolvimento linguístico dos alunos, tomam tempo precioso de um trabalho relevante e significativo que pode ser desenvolvido com base em atividades linguísticas e epilinguísticas. Falar sobre a linguagem, descrevê-la em um quadro nocional intuitivo ou teórico (atividade metalinguística) – o que Franchi associa a um trabalho inteligente de sistematização gramatical – só pode efetivamente ocorrer

> (...) como resultado de uma larga familiaridade com os fatos da língua, como decorrente de uma necessidade de sistematizar um "saber" linguístico que se aprimorou e que se tornou consciente e com a questão fundamental sempre em mente: a questão da significação (...) (Franchi, 2006, p. 98-99)

Ao focalizarmos questões propriamente pedagógicas concernentes à efetivação dessa proposta, mais uma vez podemos nos remeter às considerações de Franchi (2006), quando relembra procedimentos didáticos de seu antigo professor de português no seminário claretiano de Rio Claro (1946-1949), o padre José de Matos. Seus alunos tinham de escrever todos os dias, nem que fosse apenas uma linha. Eram continuamente exercitados *"em um trabalho de reconstrução consciente dos textos (...) alterando tópicos e perspectivas, substituindo uma expressão por outra, experimentando-as e compondo-as com outras, (...) simulando várias situações com diferentes interlocutores etc."* (2006, p. 81). Em matéria de estudo gramatical, Franchi destaca que a ênfase de seu professor era em um processo permanente de comparação dos recursos expressivos entre si. Segundo Franchi (2006, p. 82):

> Não estou certo de que o Padre Matos tinha mais do que uma intuição a respeito do que fazia. (...) Apesar das concepções de linguagem e estilo e dos critérios de avaliação da qualidade do texto que explicitava, inclusive com a ideia fixa de um modelo ideal de texto, levava, na prática, seus alunos a uma intensa e rica ação sobre seu próprio texto e a um exercício gramatical bem mais amplo do que a teoria gramatical que possuía. Penso, também, nos que têm escrito tão torto por linhas direitas e retas. Com tudo o que se fala de liberdade e criatividade, de abolição dos modelos e normas, da concepção moderna de linguagem e gramática e de linguística, ou se propõem os mesmos exercícios escolares ou nada se propõe, deixando os alunos à espera de que aprendam na vida. (Franchi, 2006, p. 82)

Depreende-se, da reflexão do autor, que o exercício gramatical, pautado em operações sobre os textos – orais ou escritos –, uma vez concebido à luz de reflexões sistemáticas sobre os recursos da língua em uso (por falantes de quaisquer estratos sociais e representantes de diversas variedades linguísticas, de maior ou menor prestígio social), não depende de um saber especializado de teoria gramatical:

> (...) nesse jogo de construção e reconstrução dos textos, não se necessita de um conhecimento detalhado nem sofisticado de noções e nomenclaturas gramaticais. **Basta recorrer à intuição dos alunos e professores para sua própria língua**. Nesse nível de trabalho, não se está ainda necessitando de uma gramática enquanto sistema de noções, mas do conhecimento gramatical interiorizado por todo falante da sintaxe da sua língua, das regras pelas quais constrói e transforma as expressões em operações conscientes. Em outros termos, **basta explorar com sensibilidade o fato de que todos falam português e conhecem as estruturas dessa língua, torná-las explícitas**, em uma práxis ativa e dinâmica. (Franchi, 2006, p. 94) [grifos nossos]

No contexto atual da educação brasileira, sobretudo na educação pública, esse trabalho de exploração da intuição linguística e de explicitação do saber internalizado de alunos e professores deve passar, necessariamente, pela premissa de que é preciso aprendermos a "brincar com a linguagem", a manejá-la conforme nossos propósitos discursivos. Este, parece-nos, é possivelmente um dos maiores legados de Carlos Franchi [1932-2002].

A abordagem tradicional prescritiva da gramática escravizou – e ainda escraviza – os alunos de Língua Portuguesa. Destes, os que se tornam **professores** muitas vezes se veem, ainda hoje, **reproduzindo os modelos de seus antigos professores**, lutando para reinventar as práticas de ensino ou acomodando-se à praticidade de respostas padronizadas que os exercícios de classificação e análise sintática permitem confrontar.

É possível que, por força de tradição e/ou por falta de alternativas práticas, permaneça arraigada à prática docente a crença dogmática na utilidade de aprender a classificar palavras e funções sintáticas. Um estudo de Semeghini-Siqueira (2000, p. 8) aponta justamente esse dado, ao pesquisar depoimentos de 120 professores de Língua Portuguesa do Ensino Fundamental (60 professores de 1ª a 4ª séries e 60 professores de 5ª a 8ª séries):

> Uma análise do **conjunto dos questionários** e dos relatórios de **estágio**, tanto de 1ª a 4ª séries quanto de 5ª a 8ª séries, apontam a predominância do **item A** ("força da tradição") e do **item E** (livro didático) nas práticas pedagógicas da disciplina LP na atualidade. Na pesquisa anterior, foi possível constatar que, de 3ª a 8ª séries, em média, **somente 10%** do tempo das aulas de LP são destinadas à **redação** e, **pelo menos, 60%** do tempo às "**tradicionais aulas de gramática**", utilizando ou não o livro didático. (Semeghini-Siqueira, 2000, p. 8) [grifos da autora]

A competência linguística e discursiva é muito mais ampla, complexa e abrangente que o simples conhecimento do que é "certo" ou "errado" em uma abordagem prescritiva. Nessa perspectiva, não estamos considerando que a variedade culta e socialmente prestigiada da língua não deva ser estudada na escola, mas esta variedade não se reduz a um conjunto de regras ortográficas, de concordância e regência, nem, menos ainda, a um conjunto de nomenclaturas com que frequentemente os professores procuram ocupar o tempo dos alunos das aulas de Língua

Materna/Língua Portuguesa – "procuram ocupar", porque a queixa quanto ao justificado desinteresse dos alunos por tais questões é quase unânime. Muitos textos sem problemas dessa natureza podem ser repletos de incoerências e lapsos de variadas ordens. Os próprios professores necessitam de melhores condições formativas e de trabalho para continuarem desenvolvendo suas competências como leitores e produtores de texto, sem o que não se sentirão seguros para guiar as operações transformadoras de seus alunos sobre seus textos, sobretudo numa perspectiva lúdica.

Se os professores, em sua formação preliminar (no período do EF e EM) e formação inicial (ensino superior), não tiveram oportunidade de participar de "Oficinas de Linguagem" ou "Oficinas de Oralidade, Leitura e Escrita", inicialmente em grupos de alunos, experienciando a prática de leitura-escrita-debates-reescrita-releitura-revisão final, como conseguirão desenvolver/mediar essas atividades em aulas e/ou oficinas para seus alunos? Conseguiríamos imaginar as consequências, se algo "similar" ocorresse na formação de um médico cirurgião? É possível **desenvolver competências e habilidades complexas como – ler ou produzir/reescrever um texto ou realizar uma cirurgia** – apenas lendo sobre elas ou acompanhando exposições teóricas sobre o assunto?

5. Em Busca de Soluções para Aprendizagem e Ensino de Língua Materna: um Histórico

Em **1977**, na publicação da CENP/SEE-SP, "*Subsídios para Implementação do guia curricular de Língua Portuguesa*" para 3ª e 4ª séries (coordenado por Semeghini-Siqueira (1977) com a participação de professores do Colégio Experimental da Lapa), **há registros** de um trabalho intenso, voltado para uma "**gramática não sistematizada**" ou "**gramática não consciente**", com explicitação desses termos na publicação, concernentes aos exercícios propostos que abrangiam "**texto-frase-palavra**", em atividades de oralidade, leitura e escrita. Tal enfoque foi concebido, conscientemente, pela equipe de modo a não recorrer à "terminologia gramatical/

gramática teórica" e, **sim**, à "**gramática interna**" a que todos os falantes da língua fazem uso, desde a infância, para interagir com o outro, tendo em vista que "**gramática**" é inerente à constituição e ao uso de qualquer língua.

Em 1984, no livro *E as crianças eram difíceis...: A Redação na Escola* de Eglê Franchi, recorreu a essa publicação da CENP/SEE-SP, "***Subsídios para implementação do guia curricular de Língua Portuguesa para o 1º grau***" (3ª série), fazendo referência a várias atividades que propusemos no decorrer de seu livro. Entre outras observações, Franchi (1984, p. 80), relata que:

> Para atender a aos objetivos indicados acima, foi adotada a estratégia de exploração de textos, visando a uma reprodução final pelos alunos. Na organização dessa atividade, que na verdade englobava uma série de atividades correlacionadas, segui no fundamental as sugestões dos Subsídios para implementação do guia curricular, preparados pela Coordenadoria de Normas Pedagógicas da Secretaria de Educação do Estado. Adotei essas sugestões primeiro porque se trata de experiência de professores especialmente habilitados; segundo, e principalmente, porque achei importante um trabalho pedagógico, realizado em condições reais da rede escolar do Estado, que as técnicas e materiais utilizados estivessem sempre disponíveis e ao alcance de qualquer professor dessa rede a quem minha experiência pudesse servir.

Na Faculdade de Educação da USP, Semeghini-Siqueira (1997, 2014) tem discutido questões de grau de letramento, inerentes ao **sujeito aprendiz** tanto no curso de Licenciatura como no de Pedagogia. Com os graduandos de Licenciatura em Letras, desenvolve o PROJETO "*Avaliação diagnóstica e formativa para conscientização dos professores quanto aos saberes e às dificuldades dos "alunos reais" em cada contexto sociocultural: ponto de partida do planejamento escolar no que tange às atividades linguísticas e epilinguísticas*". Esse projeto é fundamentado na concepção dialógica e sociointeracional da linguagem (Bakthin, 1981) e na noção de língua natural que detém os princípios de organização que regulam e viabilizam a interlocução.

Neste projeto, doravante referenciado por meio da sigla/fórmula "ADeF→ALs+AEs", inicialmente, os futuros professores de LM entram em contato com produções escritas de "alunos-reais" e se conscientizam dos restritos graus/níveis de letramento após 8 – 9 anos de escolarização. Discute-se, também, que uma reflexão sobre essa problemática envolve fatores de âmbito cultural, neuro-psíquico, linguístico-discursivo, sócio-histórico, de políticas públicas e de práticas educativas (Semeghini-Siqueira, 2006abc). No segundo momento, o foco é dirigido para a **análise linguística** e o termo "GRAMÁTICA" é associado a três níveis de operações com a linguagem, tal como no Quadro 3.

GRAMÁTICA 1: INTERNA

→Aprendizagem **por meio do uso língua** na interação com o outro e com o universo letrado em mídias impressas e/ou digitais.

O aluno recorre à "gramática interna" e amplia a **aprendizagem**, referente às competências e habilidades, por meio de operações não conscientes, intuitivas, subjacentes ao uso da língua na interação com o outro. Na escola, as **atividades linguísticas**, tais como: **falar/cantar** [o aluno recorre a textos de memória, como: parlendas, dramatizações, letras de música...], **escutar** [a professora conta ou lê histórias, vídeos/filmes falados e legendados...], **ler** [o aluno lê muito... livros, revistas, gibis, jornais...] **e escrever** [a classe produz oralmente texto coletivo e o professor atua como escriba na lousa, o grupo escreve..., o aluno escreve ...].

GRAMÁTICA 2: REFLEXIVA

→Aprendizagem **por meio de reflexões sobre o uso da língua**. O professor cria oportunidades para reflexão dos alunos.

Trata-se de propor atividades que focalizem a própria linguagem como objeto de operações transformadoras, que viabilizem uma reflexão sobre a linguagem, ou melhor, sobre as diferentes formas de dizer. O objetivo é ensinar/aprender a usar os recursos expressivos da língua, por meio de operações mentais predominante-

---

Quadro 3. Aprender e ensinar Gramática 1-2-3 na escola
(Semeghini-Siqueira, 2015, p. 4) *(continua)*

> mente conscientes, sem recorrer a "termos técnicos"/a nomenclaturas nem a classificações. Nesta prática, os enunciados são confrontados e transformados de forma instigante e lúdica. São consideradas **atividades epilinguísticas**, por exemplo, a ampliação ou redução de elementos de um texto e, sobretudo, a reescrita/reelaboração, com a mediação do professor, consciente de que a meta é propiciar, aos alunos, acesso à norma culta padrão da LP, como um direito de todo cidadão. Certamente, as atividades com GRAMÁTICA 1 e GRAMÁTICA 2 **estão interligadas/imbricadas**, possibilitando que o professor direcione o foco para uma atividade epilinguística para um agrupamento específico de alunos. Desse modo, é possível estabelecer entre elas um *continuum*. [...]
>
> GRAMÁTICA 3: TEÓRICA
> →Aprendizagem **por meio de aquisição de conhecimentos sobre a língua**. O professor ensina.
> Pode-se dizer que constituem exercícios que requerem operações conscientes, reflexões sobre a língua e abarcam componentes descritivos e normativos, recorrendo-se ao uso de "terminologia técnica". Tais exercícios correspondem **às atividades metalinguísticas.** Trata-se do ensino da "gramática escolar", da "gramática pela gramática" sem haver uma preocupação com a atividade discursiva, de tal forma que não tem provocado mudanças significativas nas produções escritas dos alunos, após 9 anos de escolaridade obrigatória no EF. [...] (grifos da autora).

Quadro 3. Aprender e ensinar Gramática 1-2-3 na escola
(Semeghini-Siqueira, 2015, p. 4)

Ressalta-se que há predomínio de operações não conscientes nas ALs, ao passo que, nas AEs, oscilam os graus de consciência quanto às operações realizadas. Por exemplo: quando ouvimos um "quer dizer", nosso interlocutor realizou uma regulação [G1], possivelmente, de modo não consciente; entretanto, o processo de reescrita de um texto requer reflexão sobre organização, recorrendo a G1 e G2.

No **terceiro momento**, os graduandos discutem a **elaboração de AEs** para propiciar avanços no uso da língua e/ou para solucionar problemas e planejam sequências didáticas a serem ministradas no estágio, focalizando diferentes gêneros.

É importante ressaltar que esses futuros professores de LP, alunos de uma **universidade pública**, demonstram uma dedicação especial aos projetos que visam desencadear mudanças significativas para um desenvolvimento eficaz de propostas nos ambientes destinados a ENSINO E APRENDIZAGEM DE LM na **escola pública**.

5.1. DA AVALIAÇÃO DIAGNÓSTICA E FORMATIVA [ADEF] À PROPOSIÇÃO DE ATIVIDADES LINGUÍSTICAS E EPILINGUÍSTICAS

As atividades epilinguísticas propostas pelos futuros professores de Língua Portuguesa são planejadas a partir dos resultados de uma ADeF para verificar o que eles conseguem identificar como dificuldades dos alunos – ou o que priorizam em termos de dificuldades a serem superadas – e que saberes mobilizam para ampliar as possibilidades de utilização da língua pelos alunos. Nesse sentido, é necessário o diagnóstico criterioso dos pontos que precisam ser trabalhados. Se se pretende que os alunos leiam e escrevam melhor, que tenham comportamentos e demonstrem competências requeridas em interações pautadas na utilização de gêneros escritos e orais da esfera pública, é preciso pensar em instrumentos que permitam observar como eles estão lendo e escrevendo, como se expressam em situações de uso mais monitorado da modalidade oral, que problemas persistem, qual a sua natureza, quais precisam ser trabalhados primeiro e, em função disso, que atividades desenvolver.

Neste projeto "ADeF→ALs+AEs", os licenciandos, **em grupos**, planejam e discutem possibilidades de intervir com atividades que promovam reflexão sobre determinados recursos da língua – exploração das diferentes formas de dizer e seus sentidos devidamente contextualizados –, contribuindo para solucionar os problemas identificados e/ou propiciar avanço no uso da língua materna, uma vez que se oportunize ao aluno possibilidade de operar sobre a língua em uso, focalizando o problema ou tópico selecionado.

Tal reflexão, contudo, pautada no conceito de epilinguístico, deve nortear e ser decorrente de atividades de operação sobre a própria língua – transformação, ampliação, redução, reescrita – visando ao desenvolvimento do domínio prático do educando sobre as possibilidades de utilização dos recursos da língua. O estagiário, futuro professor de Língua Portuguesa, não utilizará, para tanto (nem serão necessários), termos técnicos muito específicos para se referir às unidades sobre as quais opera transformações, num trabalho de exploração e experimentação com as diferentes formas de dizer. Entretanto, serão utilizados termos indispensáveis como "palavra", "frase", "texto", "parágrafo", "letra maiúscula", "letra minúscula", "sinais de pontuação" – e outros que permitam uma progressiva apropriação do educando sobre as convenções implicadas nas atividades de leitura, escrita e compreensão/produção oral.

No âmbito da realização desses estágios pelos licenciandos, é proposto um roteiro para orientar as discussões e a produção dos grupos. A primeira parte, constituída de onze tópicos, compreende aspectos do contexto e do planejamento da atividade epilinguística, que deverá ser descrita na segunda parte.

Assim, antes de apresentar a atividade epilinguística, caracterizando-a e descrevendo-a, os grupos de futuros professores de língua materna apresentam dados referentes ao planejamento dessa atividade e ao contexto de sua realização ou idealização, já que eles podem descrever atividades que apenas idealizaram ou que efetivamente realizaram com alunos em atividades de estágio ou de docência.

Tal roteiro/formulário, apresentado no Quadro 4, prevê, por exemplo, informações sobre a autoria da atividade proposta, a principal fonte consultada para sua elaboração, caracterização do público-alvo (posto que as atividades epilinguísticas devem ser pensadas em função de "alunos reais" e de suas reais possibilidades de superação das dificuldades e avanço no domínio dos recursos linguísticos), duração prevista, produtos/materiais e recursos utilizados, especificação do ponto de partida da atividade e explicitação do foco da atividade epilinguística.

USP – Faculdade de Educação – Curso: Licenciatura
Disciplina: Metodologia do Ensino de Português I e II............................... Grupo nº_____

Profª Drª Idméa Semeghini-Siqueira, linguista – GP "Diversidade Cultural, Linguagem, Mídias e Educação"

Projeto: *Avaliação diagnóstica e formativa para conscientização dos professores quanto aos saberes e às dificuldades dos "alunos reais" em cada contexto sociocultural: ponto de partida do planejamento escolar no que tange às atividades linguísticas e epilinguísticas* [**ADeF→ALs+AEs**] **PARTE 1. Contexto e Planejamento**

Nomes dos componentes do grupo: _____
Título: _____

[01] Atividade IDEALIZADA [ ] e/ou Atividade REALIZADA [ ].
_____

[02] AUTORIA da atividade epilinguística que será proposta:
graduando/um elemento do grupo [ ]; grupo [ ]; sugestão de um colega [ ]; sugestão de um professor no decorrer do estágio [ ]; idealização a partir de um texto científico [ ]; idealização a partir de uma atividade de língua estrangeira [ ]; idealização a partir de um livro didático [ ]; outra: _____

[03] Principal FONTE de consulta: _____

[04] PÚBLICO-ALVO: alunos de _____
Se foi REALIZADA, caracterização dos alunos: _____
-ESTÁGIO: Você realizou estágio nesta classe?
Não [ ]; Sim [ ]. Fez regência? Não [ ]; Sim [ ]
-DOCÊNCIA: Você é professor(a) desses alunos?
Não [ ]; Sim [ ]
-Você conseguiu um conjunto de produções escritas desses alunos? Não [ ]; Sim [ ]
-Número de alunos por sexo: masculino [ ]; feminino [ ]   Idade: de ____ a ____ anos.
-Escola: estadual [ ]; municipal [ ]; particular [ ]
    Cidade: _____Bairro: _____
    Zona: N [ ]: S [ ]; L [ ]; O [ ]; C [ ]
    Nome da escola: _____

[05] Tipo de trabalho: individual [ ]; em duplas [ ]; em grupo [ ]
Especificação: _____

[06] Duração prevista: _____

[07] Proposta interdisciplinar: Não [ ] /// Sim [ ]
Disciplinas envolvidas: _____

Quadro 4. Projeto: [ADeF→ALs+AEs]
PARTE 1. Contexto e Planejamento *(continua)*

[08] Produtos/materiais utilizados:
Música [ ]; Fotos [ ]; Livros [ ]; Textos avulsos [ ]; Dicionários [ ]; Revistas [ ]; Gibis [ ]; Jornais [ ]; Folhetos de propaganda [ ]; Vídeo (programas de TV) [ ]; Vídeo (produzido pelos alunos) [ ]; Outros: _____

[09] Recursos:
Gravador [ ]; Retroprojetor [ ]; Datashow [ ]; Filmadora [ ]; Câmera de documento [ ] Computador: *softwares* [ ]; *CD-ROM* [ ]; *Internet* [ ]; vídeo [ ]; DVD [ ] Tintas [ ]; Lápis coloridos [ ]; Cartolina [ ]; Outros: _____

[10] ESPECIFICAÇÃO DO PONTO DE PARTIDA DA ATIVIDADE
[10.1] modalidade escrita da língua [ ]: o escrever [ ]; o ler [ ]
[10.2] modalidade oral da língua.... [ ]: o falar [ ]; o ouvir/o compreender a fala [ ]
Observação: _____

[11] EXPLICITAÇÃO DO FOCO PRINCIPAL DA ATIVIDADE EPILINGUÍSTICA
[11.1] [ ] propiciar avanço no uso da língua concernente à → _____
[11.2] [ ] solucionar o problema "X" → _____

Quadro 4. Projeto: [ADeF→ALs+AEs]
PARTE 1. Contexto e Planejamento *(continuação)*

A segunda parte do roteiro/formulário (Quadro 5) compreende os tópicos 12 a 18, que especificam os títulos dos blocos de informações a serem mantidos pelos licenciandos em suas propostas de descrição e caracterização das atividades linguísticas e epilinguísticas, a partir da explicitação de seu(s) objetivo(s). Alguns tópicos apresentam subtópicos, que consistem em sugestão de questões norteadoras para a reflexão do grupo.

USP – Faculdade de Educação – Curso: Licenciatura

Disciplina: Metodologia do Ensino de Português I e II............................. GRUPO Nº_____

Prof.ª Dr.ª Idméa Semeghini-Siqueira, linguista – GP "DIVERSIDADE CULTURAL, LINGUAGEM, MÍDIAS E EDUCAÇÃO"

PROJETO: *Avaliação diagnóstica e formativa para conscientização dos professores quanto aos saberes e às dificuldades dos "alunos reais" em cada contexto sociocultural: ponto de partida do planejamento escolar no que tange às atividades linguísticas e epilinguísticas* [**ADeF→ALs+AEs**] **PARTE 2. Descrição e Caracterização**

NOMES dos componentes do grupo: _____

TÍTULO:_____

[12] OBJETIVO(S) DA ATIVIDADE EPILINGUÍSTICA

[13] CARACTERIZAÇÃO/DESCRIÇÃO DA ATIVIDADES LINGUÍSTICAS E EPILINGUÍSTICA passo a passo:

[É importante explicitar que, em alguns momentos, haverá "uma orientação ou um comentário" somente para o professor e que, em outro momento, será apresentada uma "instrução" destinada aos alunos do EF. No segundo caso, não aparecerá nenhum "termo técnico específico" [substantivo, verbo, adjetivo etc.]. É mais produtivo recorrer a expressões: "complete com as palavras adequadas ao contexto", "observe as diferenças entre duas frases" etc.]

Primeiro passo:

Segundo passo:

Terceiro passo:

etc.

[14] DESDOBRAMENTOS

[15] Esta AL+AE poderia ser um momento de uma SEQUÊNCIA DIDÁTICA?

[15.1] O que poderia vir ANTES desta atividade?

[15.2] O que poderia vir DEPOIS desta atividade?

[16] CONSIDERAÇÕES FINAIS

[17] BIBLIOGRAFIA e/ou *WEB*GRAFIA

[18] ANEXOS: apresentação em power point/ vídeo / textos/ outras mídias.

Quadro 5. Projeto: [**ADeF→ALs+AEs**]
PARTE 2. Descrição e Caracterização *(continua)*

> OBSERVAÇÕES:
>
> - A **PARTE 1. Contexto e Planejamento** que contém os 11 primeiros tópicos, é a mesma para todos os licenciandos. Ao preenchê-la, solicitamos que conserve a formatação original.
>
> - A **PARTE 2. Descrição e Caracterização,** portanto, a partir do tópico 12, iniciar em outra folha e utilizar quantas páginas forem necessárias à proposta do grupo, mantendo somente a numeração e o título dos subtópicos. (Em cada subtópico, foram inseridas "questões" somente para o grupo refletir.)

Quadro 5. Projeto: [ADeF→ALs+AEs]
PARTE 2. Descrição e Caracterização *(continuação)*

Embora a atividade epilinguística por excelência seja a refacção de textos orais e escritos, sempre atendendo aos propósitos discursivos de cada situação e partindo da avaliação diagnóstica e formativa sistematicamente desenvolvida com os alunos (o que implica utilizar também produções dos próprios alunos), apresentamos um exemplo simples que ilustra como **uma série de aspectos gramaticais pode ser trabalhada de forma lúdica na esfera do texto.**

A atividade foi proposta, em 1997, por um licenciando na disciplina "Metodologia do Ensino de Português (MELP)" e citada na dissertação de mestrado de Bezerra (2004), intitulada *Contribuição às reflexões sobre práticas de ensino de gramática e formação de professores de 1ª a 4ª séries: atividades epilinguísticas em foco.*

Vale informar, também, que os licenciandos têm vivenciado essa proposta na disciplina MELP e que os objetivos e a descrição dos passos foram elaborados para este artigo. Certamente, ficará claro ao leitor que será muito apropriado utilizar esse "QUEBRA-CABEÇA TEXTUAL" antes de exercícios de reeescrita/refacção textual.

5.2. Passo a Passo de uma Atividade Linguística-Epilinguística: Quebra-Cabeça Textual

O propósito de apresentarmos um exemplo é permitir a visualização de **uma possibilidade** de encaminhamento para o trabalho com atividades epilinguísticas inter-relacionado com as atividades linguísticas. Considerando-se que elas podem ser trabalhadas tanto na modalidade oral quanto na escrita, tomamos como princípios básicos, neste tipo de atividade, a ausência de termos muito específicos ou técnicos para nos referirmos às unidades da língua e o trabalho voltado à exploração lúdica dos seus recursos, virtualmente disponíveis para infinitas configurações, atualizáveis pelos usuários da língua nos textos que materializam seus discursos.

Neste exemplo, por razões de falta de espaço, não estamos tecendo considerações sobre a ADeF que deve preceder e nortear o planejamento da atividade.

5.2.1. Módulo 1. Objetivos das Atividades

Neste módulo, inter-relacionando atividades linguísticas e epilinguísticas, é possível trabalhar: 1. compreensão leitora; 2. conjugação verbal; 3. correlação de tempos verbais; 4. concordância verbal; 5. coesão (elos que interligam partes do texto, contribuindo para a sua continuidade e progressão temática); 6. coerência e semântica (construção dos sentidos – locais e globais).

Entretanto, é preciso ressaltar que **esses conhecimentos teóricos são necessários ao professor** para que ele possa propor atividades desafiadoras e lúdicas aos alunos, possibilitando o uso cada vez mais apropriado da língua.

5.2.2. Caracterização/Descrição de Atividades Linguísticas e Epilinguísticas: um Exemplo

1. O professor organiza a turma em grupos, podendo, para tanto, utilizar alguma estratégia no sentido de garantir que sua constituição seja heterogênea (alunos com diferentes níveis de proficiência leitora e escritora): por exemplo, pode distribuir cartões coloridos (ou bexigas coloridas) simulando uma atitude aleatória, mas, na verdade, entregando a mesma cor aos alunos que deseja agrupar.

2. Uma vez agrupados, o professor explica que os grupos participarão de uma brincadeira: um quebra-cabeça em forma de texto. Pergunta se conhecem ou já montaram um quebra-cabeça; na interação, leva-os a sistematizem ou ativarem o conhecimento de que, em um quebra-cabeça, cada peça tem um lugar adequado e somente nesse lugar se "encaixa" perfeitamente.
3. O professor distribui uma lista de palavras para os alunos, como a que segue no Quadro 6.

Achar	Lavar	Quebrar
Bater	Mandar	Queimar
Colher	Mergulhar	Querer
Cuidar	Passar	Ser
Dar	Passear	Tocar
Encontrar	Pedir	Transformar
Ficar	Pegar	Virar
Gostar	Pensar	Voltar
Implorar	Poder	

Quadro 6. Lista de palavras a serem utilizadas no QUEBRA-CABEÇA TEXTUAL

4. O professor pede para os alunos lerem as palavras da lista, ajudando-os (ou não) conforme a necessidade.
5. O professor pergunta se os alunos conhecem a história do REI MIDAS, se já ouviram falar sobre ele (nesse passo, são usadas estratégias de antecipação do conteúdo e ativação de conhecimentos prévios que devem preceder atividades de leitura).
6. O professor distribui uma folha impressa para cada integrante do grupo, explicando que a história tem "buracos", "lacunas", espaços em branco que eles deverão preencher com as palavras da lista, seguindo algumas regras: "todas as palavras devem ser usadas"; "cada palavra só pode ser usada uma vez"; "as palavras podem ser alteradas em suas formas para se adequarem ao contexto" [O

professor poderá dizer: "*Observem que a palavra 'achar', por exemplo, poderá ser alterada/ajustada para 'achou', 'achava', 'achavam' para que o sentido, o significado da história se torne coerente etc.*"; "*cada aluno deve preencher a sua folha, podendo conversar com os colegas do grupo para trocar ideias*"; "*o preenchimento deve ser feito a lápis, para permitir o procedimento de apagar e reescrever.*"] A folha impressa apresentará o texto, que consta do Quadro 7, no projeto desenvolvido com alunos de 7º ano. Vale ressaltar que, em uma atividade planejada para alunos de 5º ano, o texto a ser selecionado terá uma dimensão bem reduzida.

Turma: _____ Nome do aluno: _____

QUEBRA-CABEÇA TEXTUAL

Inserir, nos espaços em branco, as palavras contidas na listagem, **fazendo os ajustes necessários**.

Cada palavra da lista só poderá ser utilizada uma vez.

O REI MIDAS (história recontada por A. Nestrovski)

Era uma vez um rei chamado Midas. Era um bom rei, mas só _____ _____ em ser o homem mais rico do mundo. O deus do vinho, Dioniso, _____ muito dele, porque o rei _____ de suas videiras.

Certo dia, o rei Midas deu abrigo a um velho camponês perdido. Dioniso _____ _____ muito satisfeito e _____ que era a hora de dar um prêmio ao rei. Disse a ele que _____ pedir o que quisesse.

– Qualquer coisa? – perguntou Midas.

– O que você _____ – respondeu Dioniso.

– Quero que tudo o que eu _____ se transforme em ouro.

O rei _____ um galho de árvore e ele_____ ouro. Apanhou uma pedra e ela se_____ numa pepita brilhante_____ uma maçã e a maçã imediatamente ficou dourada.

Quadro 7. Texto do "Rei Midas" a ser utilizado no
QUEBRA-CABEÇA TEXTUAL *(continua)*

> O rei não cabia em si de felicidade _____ para o palácio e _____ preparar um grande almoço. Foi _____ as mãos – mas a água era ouro líquido.
>
> Com muita fome _____ uma mordida num belo assado, mas a carne era de ouro e ele _____ um dente. Quis beber vinho, mas o vinho também era ouro e _____ a garganta.
>
> Desesperado, _____ na testa – e a própria cara do rei transformou-se em metal!
>
> O rei Midas se deu conta da grande bobagem que fizera. _____ desculpas a Dioniso e _____ que o deus desfizesse o encanto.
>
> Dioniso viu que o rei tinha aprendido a lição.
>
> – Vá até a fonte do rio Pactolo e _____ a cabeça na água fria.
>
> Midas fez o que o deus mandou e voltou a _____ como antes.
>
> Desde essa época, ele _____ a odiar toda riqueza. _____ _____ muito nos bosques e sempre que pode se _____ com o deus Pã, que é o deus dos campos, e passa o dia tocando flauta.

Quadro 7. Texto do "Rei Midas" a ser utilizado no QUEBRA-CABEÇA TEXTUAL *(continuação)*

7. Uma vez negociadas e explicadas as regras – o professor deve se assegurar de que os alunos as compreenderam, interagindo com eles oralmente e registrando-as, ou não, na lousa/quadro, o que pode servir de mote para uma atividade de produção coletiva de texto –, o professor lança o desafio: *Vamos ver que grupo consegue terminar primeiro? Não deixem de ler o texto completo para terem certeza de que a história faz sentido! O grupo que terminar primeiro, vem à lousa e escreve sua cor à frente de sua colocação: 1º, 2º, 3º..."* [caso seja adotada a estratégia dos cartões ou das bexigas citada anteriormente], sendo que esses números já terão sido registrados na lousa pelo professor.

8. Os alunos começam a ler o texto e a procurar os espaços onde as palavras podem ser inseridas com as devidas adequações (já que todos os verbos da lista encontram-se no infinitivo). O professor, que conhece a versão original do texto, pode fazer intervenções em cada grupo, observando suas estraté-

gias e auxiliando-os. Pode sugerir, por exemplo, que os alunos façam marcações a lápis nas palavras da lista que já tenham sido utilizadas; indicar a necessidade de reler um trecho cujo sentido esteja problemático. O mais importante, contudo, é propiciar condições para ler e reler o texto diversas vezes, levando-os a perceber que algumas palavras até podem se "encaixar" em mais de um contexto, mas, uma vez que não estejam no seu devido lugar, pode faltar a "palavra Wz" em outro espaço. Oportuniza-se, assim, que os alunos mobilizem e comparem seus saberes, trocando informações sobre diferentes formas que os verbos podem assumir, sem necessidade de nomearem tais palavras como verbos ou de explicitarem o nome do tempo verbal que utilizarão.

9. Enquanto observa os alunos realizando a atividade, o professor pode manter o tom de desafio, lembrando-os da importância de fazerem escolhas coerentes, significativas: *Não vale terminar primeiro e fazer de qualquer jeito! O texto precisa ter sentido!* Uma vez que o primeiro grupo termine, o professor orienta o restante da turma a continuar a atividade, de modo que sejam preenchidos os espaços do segundo, do terceiro, do quarto colocado... Outro procedimento importante para o professor é observar em que pontos os alunos apresentam maiores dificuldades na realização da atividade, coletando informações que alimentarão o planejamento das próximas atividades.

10. Uma vez que todos a tenham terminado, as diferentes versões podem ser lidas de modo compartilhado. Cada grupo poderá levantar questões na versão dos "concorrentes", com as quais não concorde, abrindo-se, mais uma vez, espaço para reflexão compartilhada sobre as questões de sentido das palavras e suas formas assumidas no texto.

11. Por fim, pode-se apresentar a versão original do texto, não importando alçá-la à condição de "resposta certa" à qual todos os alunos deveriam ter chegado. Pode-se sugerir uma comparação entre as soluções encontradas e aceitas pelos alunos e as formas originalmente pensadas pelo autor do texto.

5.2.3. Desdobramentos

Em continuação a essa atividade, podem ser sugeridas leituras de outros textos do mesmo gênero, para repertoriar os alunos. Após, eles escrevem suas próprias histórias, de modo que a versão inicial sirva de parâmetro para o professor planejar as atividades a serem desenvolvidas, por exemplo, em uma sequência didática que tematize questões referentes ao tratamento do tema, da forma composicional e da linguagem (recursos linguísticos), bem como de seu contexto de produção (quem escreve, para quem escreve, com que objetivo etc.). A realização das atividades dará aos alunos condições de reler e revisar/reescrever suas versões iniciais, aprimorando-as em aspectos específicos. As versões finais poderão compor um livro ou uma coletânea de contos da turma a serem publicados em um blog, enfim, há inúmeras possibilidades, em todas elas importando a produção e a compreensão de significados/sentidos pelos alunos.

Conforme podemos perceber, há muitos saberes de natureza gramatical, entre outros, que são mobilizados para a realização do quebra-cabeça textual. Não se trata de um simples texto lacunado, passível de preenchimento mecânico desprovido de reflexão. Os alunos com maior facilidade certamente serão aqueles cujas proficiências leitoras sejam mais desenvolvidas, pois muito saber intuitivo é mobilizado na atividade, ainda que o aluno não conheça os termos técnicos.

5.2.4. Elementos que Visam a Aprendizagem de Produção Textual pelos Alunos: Argumentações a Partir dos Efeitos do Uso de Atividades Epilinguísticas e Atividades Metalinguísticas

Alguém poderá argumentar: que mal há em dizer que as palavras da lista são verbos e de nomear os tempos verbais para/com os alunos? Mal algum, desde que a ênfase da reflexão não se volte para questões metalinguísticas e desde que, principalmente, isso faça algum sentido para os alunos. Certamente não é isso o que acontece quando os alunos são solicitados a memorizar listas de conjunções, com suas respectivas nomenclaturas, ou a conjugar em todos os tempos, modos e pessoas, no singular e no plural, verbos regulares e irregulares de primeira, segunda e terceira conjugação.

De maneira tradicional, os aspectos focalizados nessa atividade poderiam enfatizar a "gramática normativa"/a nomenclatura gramatical e restringir-se ao nível da frase, como se pode constatar no Quadro 8.

GRAMÁTICA 3. O foco é a atividade metalinguística

Preencha os espaços com os **verbos** fornecidos entre parênteses, observando as indicações de tempo, modo, número e pessoa:

a) Era uma vez um rei chamado Midas. Era um bom rei, mas só .... em ser o homem mais rico do mundo. (**pensar** – 3ª pessoa do singular, pretérito imperfeito do indicativo).

b) O rei .... um galho de árvore e ele .... ouro. (**tocar**, 3ª pessoa do singular, pretérito perfeito do indicativo; **virar**, 3ª pessoa do singular, pretérito perfeito do indicativo).

Quadro 8. Trabalho gramatical numa perspectiva metalinguística

5.2.5. A Mediação do Professor e dos Colegas no Quebra-Cabeça Textual

É importante destacar que, no exemplo apresentado, presume-se a importância de partir de uma avaliação prévia do conhecimento dos alunos (ADeF) de uma determinada turma para determinar o grau de autonomia com que eles possam realizar a atividade. Não se trata de, simplesmente, propor uma série de exercícios que dispensem a utilização de terminologia gramatical, à base de "siga o modelo", sem sistematização e mobilização dos saberes construídos pelos alunos em suas atividades linguísticas.

Quando se instiga a reflexão sobre determinados recursos da língua, é para que sejam incorporados ou operacionalizados pelos alunos em suas atividades de compreender e produzir sentido. É fundamental que, nesse contexto, após realização do exercício – QUEBRA-CABEÇA TEXTUAL – o professor leia o texto com e para os alunos, instigando-os, fazendo-lhes perguntas, levando-os a compreender o que significam os "ajustes necessários" presentes no enunciado. A mediação do professor e de outros colegas que possam assumir o papel de pares avançados é fundamental para o sucesso do aluno na realização da atividade e para a sua aprendizagem.

5.3. Da Oralidade à Escrita: Atividades Linguísticas e Epilinguísticas a Partir de Breves Histórias

A fundamentação teórica que subsidia essas atividades propõe uma mudança do foco habitual nas aulas de LP, pois foram desenvolvidos exercícios para ensino e aprendizagem de LM com o objetivo de focalizar o uso da língua, envolvendo oralidade, leitura e escrita, a **partir de desafios e/ou estratégias que viabilizem o acerto**. Todos os passos foram idealizados para que a **aprendizagem, permeada pela ludicidade, seja bem sucedida**, de modo que são evitadas as palavras "erro", "errado" e outras que desestimulam o aluno. Recorremos aos gêneros que contemplam breves histórias, como: fábulas, anedotas, entre outros. O planejamento, que inclui a distribuição de X passos por aula, cabe ao docente, que já conhece o TEMPO de envolvimento de seus alunos em uma atividade Y, antes do início da dispersão, inerente a esta geração mergulhada nas TICs.

Essa sequência "**Da Oralidade à Escrita: atividades linguísticas e epilinguísticas a partir de breves histórias**" foi apresentada aos licenciandos nas aulas de MELP no 1º semestre de 2013 e utilizada, no decorrer dos estágios, em oficinas nas escolas públicas do Estado de São Paulo, com a participação entusiasta dos alunos do EF e a colaboração dos professores das escolas.

5.3.1. Módulo 2. Objetivos das Atividades

Este conjunto de atividades poderá dar aos professores algumas pistas voltadas ao trabalho com oralidade e escrita, visando desenvolver a percepção dos alunos no que tange aos recursos necessários para sua realização, relacionados à pontuação, paragrafação, entre outros tópicos, de modo que os alunos aprendam a fazer um uso mais apropriado da modalidade escrita da língua.

5.3.2. Caracterização/Descrição de Atividades Linguísticas e Epilinguísticas

1. O(a) professor(a) diz à classe que contará uma história para eles e, depois, vai propor um jogo.
2. O professor conta [sem ler] a FÁBULA I – "A pomba e a formiga" – para os alunos do 5º ano – EF I ou do 6º ano – EF II.
3. Prof.: – *Quem saberia contar novamente esta história que vocês acabaram de ouvir?*
4. Prof.: – *Agora, vou fazer algumas perguntas e, em seguida, propor a vocês um desafio e mais tarde ainda um jogo "Mostrar-Esconder..."* [Na primeira vez em que esta atividade for realizada, o professor guardará segredo dos passos seguintes.]
5. Prof.: – *O que nós precisamos usar para escrever /"colocar no papel" esta história que vocês ouviram?* [O professor ouve atentamente, incentivando os alunos a emitir suas ideias, evitando "correções"].
6. O professor apresenta o primeiro *slide* à classe: todos os sinais de pontuação espalhados pela tela, sem ordem. Inserir, também, letras maiúsculas e minúsculas. Usar tipos grandes e pequenos, várias cores etc. Um quadro "artístico" sem nenhuma palavra. [Se não houver possibilidade de usar retroprojetor (transparência) ou computador (Word, PowerPoint...), preparar um cartaz (cartolina ou papel *craft*... ou lousa)]. Prof.: – *Qual a utilidade de todos esses elementos inseridos no quadro?*
7. O professor apresenta o segundo *slide*, contendo o texto original da FÁBULA I, "A pomba e a formiga" (sem diálogos/sem travessões), adequadamente digitado e começa a dialogar com os alunos. [Se não houver possibilidade de projeção, entregar uma folha impressa para cada aluno. Ela será recolhida antes

do 8º passo. É importante o professor ter em mente o objetivo de desenvolver a percepção visual dos alunos: apontar/explorar todos os sinais, chamar a atenção para os espaços paragráficos, as letras maiúsculas e minúsculas etc.]

Prof.: – *O que foi necessário utilizar para que fosse possível apresentar a história por escrito? Quem poderia dizer? Agora, muita concentração!!! Vamos olhar bem para todos os elementos que estão na tela, porque daqui a pouco vamos começar o jogo.*

8. No terceiro *slide*, o texto é apresentado sem nenhum sinal de pontuação e somente com letras minúsculas.

   Prof.: – *E agora? O que aconteceu? Quem quer ler o texto?* [Há uma probabilidade de os alunos conseguirem ler e compreender, porque já conhecem a história. Esse fato poderá ser ressaltado pelo professor.]

9. Apresentar um quarto *slide*, contendo a FÁBULA 2 (ou um texto inventado pelo professor), absolutamente desconhecida pelos alunos, sem diálogo/sem travessão ou qualquer pontuação, sem letras maiúsculas: "um único bloco". Solicitar que os alunos realizem a leitura. [Em geral, os alunos conseguem ler as palavras, mas sofrem para compreender a história. Às vezes, começam a inventar etc. Nesse caso, é pertinente convidar os alunos a refletir sobre: *Por que estamos demorando tanto tempo para ler/compreender esta história?*].

10. O professor retorna à FÁBULA 1. O texto agora é digitado com todos os sinais de pontuação, mas algumas palavras estarão ausentes. O espaço ficará demarcado, com linha pontilhada, para permitir o posterior preenchimento pelo aluno. O professor propõe um desafio aos alunos:

    Prof.: – *Vamos ver qual dupla ou quem termina uma tarefa em primeiro lugar?*

    Prof.: – *Desta vez, entregarei um texto para cada um, mas vocês só poderão desvirar a folha quando eu avisar.* [O professor coloca os textos virados para baixo, sobre a mesa, para que todos tenham o mesmo tempo a partir do início da contagem do tempo].

    Em seguida, o professor entrega o texto, em que estarão ausentes algumas palavras para que os alunos realizem o preenchimento das suas "lacunas". No módulo 1, foram explicitados em que contexto e com quais objetivos esse tipo de atividade pode ser utilizado.

Os termos técnicos – substantivos, adjetivos, verbos etc. –, que serão usados, neste passo, para explicitar as lacunas, **são destinados somente ao professor** que selecionará o texto e fará a extração das palavras. Há dois tipos de atividades com "lacunas": (a) simples: listagem de palavras de várias categorias ou somente de substantivos; (b) complexa: listagem de palavras com verbos no infinitivo. No tipo (b), em que haverá uma lista de verbos, será necessária uma interferência do professor.

– Vocês poderão realizar as mudanças que forem necessárias para a história ficar completa e o texto escrito o mais próximo possível do original. Aquele que terminar, pode me chamar... [O professor recolhe essas folhas em que as lacunas foram preenchidas e verifica se não há mais nenhuma cópia com os alunos].

11. Chegou a hora "H"/decisiva do jogo que está acontecendo nesta aula:
"MOSTRAR – ESCONDER – RECOLOCAR – CONFERIR – RECONTAR – REESCREVER"
12. Entregar para cada aluno uma folha impressa que conterá duas partes. Na parte superior, a FÁBULA 01 será digitada totalmente sem pontuação, sem maiúsculas etc. – "um bloco" (entrelinhas 1,5). Na parte inferior, inserir as linhas para que o aluno possa escrever a fábula, utilizando os recursos da modalidade escrita. Na primeira vez em que esse exercício for realizado, o trabalho em dupla ou em grupo é mais lúdico, instigante e possibilita a troca de ideias, viabilizando os acertos. Com uma segunda fábula, o exercício poderá ser individual.
13. Recorrendo ao *slide*, apresentar novamente a FÁBULA 1, na versão original, para que os alunos possam conferir a atividade da dupla ou do grupo com a mediação do professor.
14. Individualmente, recontar/recriar a fábula por escrito. [Se o professor(a) considerar viável, poderá convidar os alunos a modificar o final da fábula e/ou outra parte da história. O professor recolhe todos os textos ou rascunhos, antes de iniciar o próximo passo.]

Para finalizar o MÓDULO 2, em duplas ou em grupos, leitura e reescrita/reelaboração dos textos que foram "modificados/recriados" para montagem de um jornal da classe e/ou apresentação no mural da escola.

Considerações finais

Conforme podemos deduzir pelos textos dos autores que subsidiaram essas reflexões, atividades epilinguísticas são aquelas que permitem operar uma reflexão sobre os recursos da língua de modo a potencializar o seu domínio nas esferas pessoais e/ou sociais que demandam um **uso** eficiente da linguagem verbal. Essencialmente, podemos realizá-las de modo mais ou menos consciente, dependendo das situações e das finalidades pelas quais são empregadas.

As atividades linguísticas e epilinguísticas estão imbricadas. O cuidado que dispensamos, no decorrer de uma atividade linguística, a reformular nossa fala para nos tornarmos mais bem compreendidos por nossos interlocutores é um exemplo de atividade epilinguística; quando reescrevemos várias vezes um mesmo texto, transformando-o para tornar sua expressão tão fiel quanto possível aos nossos propósitos discursivos – informar, opinar, convencer, emocionar, satirizar, desculpar-se etc. –, também realizamos inúmeras atividades epilinguísticas. Nos dois casos mencionados, podemos estar mais conscientes de nossas intenções do que das operações que realizamos sobre a língua; no entanto, não deixa de haver uma reflexão linguística fundamentalmente voltada para o uso.

Na escola, o grau de consciência sobre essas operações que realizamos intuitivamente desde que começamos a adquirir nossa língua materna pode elevar-se se houver um trabalho voltado para este fim; o propósito seria alargar o repertório de estratégias a serem deliberadamente utilizados pelos alunos na construção de seus textos, orais ou escritos, aumentando as suas possibilidades de explorar os diversos recursos da língua e de conhecer os seus efeitos e sentidos.

O trabalho epilinguístico, ao permitir que os alunos reflitam sobre a língua, transformando-a concretamente em seus textos, torna possível operacionalizar conhecimentos implícitos que passam a integrar um repertório ilimitado de opções conscientes a serem utilizadas pelos alunos em suas produções. Dessa forma, diremos que o trabalho de teorização sobre a língua só será significativo à medida que o domínio prático de seus diversos recursos – concernentes às modalidades oral e escrita da língua no âmbito das quais os discursos se materializam em textos de variados gêneros – estiver se consolidando. Tal domínio é representado por uma flexibilidade linguística que permita adequar os registros às situações e intenções comunicativas, bem como pelo conhecimento dos valores socialmente atribuídos às diversas variedades linguísticas.

Assim, no contexto da Educação Infantil e do Ensino Fundamental, as atividades linguísticas e epilinguísticas constituem um importante meio de instrumentação para as práticas que envolvem as habilidades linguísticas dos alunos – ouvir (compreender), falar, ler (compreender), escrever. Isso significa que, permeando as atividades linguísticas propriamente ditas, centradas em práticas constantes de leitura, escrita e oralidade, as atividades epilinguísticas favorecem, por um lado, a aprendizagem de novas formas de construção e transformação das expressões; por outro, a ativação e operacionalização de um sistema a que o aluno já teve acesso por meio de sua prática linguística cotidiana.

No que concerne às atividades epilinguísticas, mais especificamente, destaca-se a refacção textual. A revisão/refacção/reescrita de textos, como situações didáticas, pressupõem encaminhamentos que devem ser levados em conta no planejamento das atividades. Isso significa que não basta verificar impropriedades nos textos dos alunos e propor que eles os reescrevam, sem direcionar o foco para aspectos que precisam ser trabalhados. Partindo das produções dos alunos, é fundamental que, entre os diversos componentes da expressão oral ou escrita, isole-se o fato linguístico ou discursivo a ser estudado, tomando como ponto de partida as capacidades já dominadas pelos alunos. Para tanto, é necessário que o professor selecione em quais aspectos pretende que os alunos do EF e/ou EM se concentrem de cada vez, posto que não é possível tratar de todos ao mesmo tempo, de forma consciente ou intencional.

Os procedimentos de reescrita/refacção textual devem ser ensinados e podem ser aprendidos; não se trata simplesmente de higienizar o texto – ou passá-lo a limpo, como se diz comumente. Revisar e reescrever um texto implica reestruturá-lo, já que uma série de atividades epilinguísticas pode ser realizada entre a sua primeira versão e a última. Dessa forma, um conjunto de ações – a avaliação diagnóstica e formativa, o planejamento e a mediação do professor – favorece que os alunos se apropriem de instrumentos linguístico-discursivos e também técnicas de revisão (rasurar, substituir, desprezar, reformular trechos), contribuindo para a apropriação progressiva de habilidades de REFACÇÃO TEXTUAL, com o objetivo de ampliar o grau de letramento, ou seja, o domínio do uso da modalidade escrita da língua.

REFERÊNCIAS

AUROUX, S. (Org.). **Histoire des idées linguistiques**. Bruxelas: Pierre Madarga, 1989. v. I.

BAKHTIN, M. **Marxismo e filosofia da linguagem**. São Paulo: Hucitec, 1981.

BEZERRA, G. G. R. **Contingências do trabalho docente na escola pública**: ensinar a ler e a escrever num contexto de mudança. Tese (Doutorado) – Faculdade de Educação, Universidade de São Paulo. São Paulo, 2010.

_____. **Contribuição às reflexões sobre práticas de ensino de gramática e formação de professores de 1ª a 4ª séries**: atividades epilinguísticas em foco. Dissertação (Mestrado) – Faculdade de Educação, Universidade de São Paulo. São Paulo, 2004.

BRASIL. Instituto Nacional de Estudos e Pesquisas Educacionais Anísio Teixeira (Inep). **Programa Internacional de Avaliação de Alunos (Pisa)**: resultados nacionais – Pisa 2000. Brasília, 2001. Disponível em: <http://www.inep.gov.br/internacional/pisa> . Acesso em: 22 fev. 2011.

_____. **Programa Internacional de Avaliação de Alunos (Pisa)**: resultados nacionais – Pisa 2003. Brasília, 2001. Disponível em: <http://www.oecd.org/dataoecd/1/60/34002216>. Acesso em: 22 fev. 2011.

_____. **Programa Internacional de Avaliação de Alunos (Pisa)**: resultados nacionais – Pisa 2006. Brasília, 2008. 153p. Disponível em: <http://download.inep.gov.br/download/internacional/pisa/Relatorio_PISA2006.pdf>. Acesso em: 10 nov. 2015.

_____. **Programa Internacional de Avaliação de Alunos (Pisa)**: resultados nacionais – Pisa 2009. Brasília, 2012, 126p. Disponível em: <http://download.inep.gov.br/acoes_internacionais/pisa/resultados/2009/brasil_relatorio_nacional_PISA_2009.pdf>. Acesso em: 10 nov. 2015.

_____. **Programa Internacional de Avaliação de Alunos (Pisa)**: resultados nacionais – Pisa 2012. Brasília. Disponível em: <http://download.inep.gov.br/acoes_internacionais/pisa/resultados/2014/relatorio_nacional_pisa_2012_resultados_brasileiros.pdf. Acesso em: 10 nov. 2015.

BRITTO, L. P. L. de. Alfabetismo e educação escolar. In: SILVA, E. T. da. **Alfabetização no Brasil**: questões e provocações da atualidade. São Paulo: Autores Associados, 2007.

CULIOLI, A. La communication verbale. In: **L'Homme et les autres**. L'Encyclopédie des Sciences de l'Homme. Paris: Grange-Matellère, 1967. p. 65-73.

_____. La formalisation en linguistique. **Concept and Form**: the Cahiers pour l'Analyse and Contemporary French Thought, Paris, v. 9, p. 106-117, 1968.

_____.; NORMAND, C. **Onze rencontres sur le langage et les langues**. Paris : OPHRYS, 2005. p. 112.

DANCHIN, A. **L'Oeuf et la poule**. Paris: Fayard, 1983.

FRANCHI, C. Linguagem–atividade constitutiva. **Cad. Est. Ling.**, Campinas, v. 22, p. 9-39, jan.-jun. 1992.

_____.; NEGRÃO, E. V.; MÜLLER, A. L. **Mas o que é mesmo "gramática"?** São Paulo: Parábola Editorial, 2006.

FRANCHI, E. **E as crianças eram difíceis...** A redação na escola. São Paulo: Martins Fontes, 1984.

GERALDI, J. W. (Org.). **O texto na sala de aula** – Leitura & Produção. Cascavel: Assoeste, 1985.

GERALDI, J. W. **Portos de passagem**. São Paulo: Martins Fontes, 1997.

_____. **Linguagem e ensino**. Exercícios de militância e divulgação. 5. ed. Campinas: Mercado de Letras, 2002.

ILARI, R. **Carlos Franchi**: intelectual, pesquisador, formador de cientistas da linguagem. *Rev. ANPOLL*, n. 13, p. 283-293, jul.-dez. 2002.

_____. **Introdução à semântica**: brincando com a gramática. São Paulo: Contexto, 2003.

INSTITUTO PAULO MONTENEGRO; AÇÃO EDUCATIVA. **Indicador Nacional de Alfabetismo Funcional (Inaf)**: um diagnóstico para a inclusão social pela educação. São Paulo, 2001. Disponível em: <http://www.ipm.org.br/download/inaf01.pdf>. Acesso em: 22 fev. 2011.

_____. **Indicador Nacional de Alfabetismo Funcional (Inaf)**: um diagnóstico para a inclusão social pela educação. São Paulo, 2003. Disponível em: <http://www.ipm.org.br/download/inaf03.pdf>. Acesso em: 22 fev. 2011.

_____. **Indicador Nacional de Alfabetismo Funcional (Inaf)**: um diagnóstico para a inclusão social pela educação. São Paulo, 2005. Disponível em: <http://www.acaoeducativa.org.br/downloads/inaf05>. Acesso em: 22 fev. 2011.

MARCUSCHI, L. A. **Da fala para a escrita**: Atividades de retextualização. São Paulo: Cortez, 2001.

NEVES, M. H. de M. **Gramática na escola**. 7. ed. São Paulo: Contexto, 2003.

PERINI, M. A. **Sofrendo a gramática**: ensaios sobre a linguagem. 2. ed. São Paulo: Ática, 2005.

POSSENTI, S. **Por que (não) ensinar gramática na escola**. Campinas: ALB/Mercado de Letras, 1996.

RIBEIRO, V. M. (Org.) **Letramento no Brasil**. 2. ed. São Paulo: Global, 2004.

SÃO PAULO (Estado). Secretaria de Estado da Educação. Coordenadoria de Estudos e Normas Pedagógicas. **Subsídios para a implementação do guia curricular de Língua Portuguesa para o 1º grau: 4ª série**. Coord. de Idméa Semeghini-Siqueira. São Paulo: SEE/CENP/DRHU, 1977.

SCHLEICHER, A. Medir para avançar rápido. **Veja**, p. 17-21, 6 ag. 2008.

_____. Rankings educacionais do mundo. **Zero Hora**, 31 ago. 2012.

SEMEGHINI-SIQUEIRA, I. Avaliação diagnóstica da capacidade de uso da língua pelo aluno do 1º grau e a formação do professor. In: I CONGRESSO DE CIÊNCIAS DA EDUCAÇÃO. Araraquara/São Paulo. **Anais...** Araraquara: UNESP/USP, 1997.

_____. O peso das práticas educativas de gramática, redação e leitura para alunos do primeiro grau em português: um estudo exploratório a partir da década de 50. In: II CONGRESSO LUSO-BRASILEIRO DE HISTÓRIA DA EDUCAÇÃO. São Paulo. **Anais...** São Paulo: USP, 1998.

_____. **Grade para mobilizar a percepção do professor e desencadear o processo de Avaliação Diagnóstica e Formativa concernente à produção escrita**: conhecimento do grau de letramento/literacia do aluno como estratégia para a reinvenção de práticas educacionais de linguagem. São Paulo: Faculdade de Educação-USP, 2002.

_____. O poder do passado nas práticas escolares de oralidade, leitura e escrita contemporâneas: reconstituição de alicerces para otimizar o grau de letramento/literacia de jovens brasileiros. In: Anais/Actas. XIV Colóquio da AFIRSE "Para um balanço da investigação da educação de 1960 a 2005". Lisboa: Universidade de Lisboa/ FPCE, 2006 a.

_____. Modos de ler textos informativos impressos / virtuais e questões sobre memória: estratégias para alavancar a construção do conhecimento em diferentes disciplinas. In: Rezende, N.; RIOLFI, C.; SEMEGHINI-SIQUEIRA. **Linguagem e Educação**: implicações técnicas, éticas e estéticas. São Paulo: Humanitas, 2006 b.

_____. Atividades de oralidade, leitura e escrita significativas: a construção de minidicionários por crianças com a mediação da professora. In: CATANI, D.; VICENTINI, P. **Formação e auto-formação**. São Paulo: Escrituras, 2006 c. p. 145-159.

_____. Brincar com linguagens na Educação Infantil: espaço-tempo para falar, ouvir, cantar, representar, desenhar, ler e escrever. In: KISHIMOTO, T. (Org.) **Brinquedos e brincadeiras na creche e na pré-escola**. Brasília: MEC-TV ESCOLA/Salto para o Futuro, boletim nº 12, jun. 2013. p. 27-40

_____. Modalidades de avaliação diagnóstica e formativa para conscientização dos professores no que tange a saberes e dificuldades dos 'alunos reais' em cada contexto. [Artigo em elaboração]. 2014.

_____. **Aprender e ensinar Gramática 1–2–3 na escola**: qual? para quê? quanto? como? [Artigo em elaboração]. 2015.

_____. **Magia/Arte & Informação na educação de crianças e jovens neste início do século XXI no Brasil**. São Paulo: Faculdade de Educação da USP (tese de Livre Docência), 2015.

_____; BEZERRA, G. G. R.; GUAZZELLI, T. Estágio supervisionado e práticas de oralidade, leitura e escrita no ensino fundamental. **Revista Educação & Sociedade**, Campinas, v. 31, n. 111, p. 563-583, abr.-jun. 2010.

SOARES, M. Letramento e Alfabetização: as muitas facetas. **Revista Brasileira de Educação**, n. 25, p. 5-17, 2004.

TRAVAGLIA, L. C. **Gramática e interação**: uma proposta para o ensino de gramática no 1º e 2º graus. São Paulo: Cortez, 1996.

VYGOTSKY, L. S. **A formação social da mente**. São Paulo: Martins Fontes, 1984.

_____. **Pensamento e linguagem**. São Paulo: Martins Fontes, 1987.